やり直し英語塾 **ナオック**

中学英語の**37**パターンで
英語がスラスラ読める!

超・英文読解

JN039813

KADOKAWA

英文は「M（修飾語）」を見極めると俄然読みやすくなる！

　学校英語では文法や読解を中心に学ぶので、みなさんの中にはある程度の英語なら読めるという人も少なくないでしょう。

　そのため、「英語ができるようになりたい」という場合、英語で会話ができることをイメージするかもしれません。

　ですが、**仕事で英会話が必要という場合を除き、日本に暮らす私たちに必要なのは「読む英語」であると断言します！**

　道を歩いていて、英語で道をたずねられたりする機会はそうなくても、インターネットを中心に、英文を目にする機会は多いからです。

　はじめまして。

　YouTube で日本にいながら英語をマスターする方法を発信している「やり直し英語塾 ナオック」といいます。

　私は大学卒業後に英語の教員免許を取得、塾や有名私立高校などを中心に10年以上英語指導に携わってきました。

　その後、英語を中心とした翻訳や通訳業務を行うほか、TOEIC 対策講座を担当するなど、気づけば20年近く、英語に関わる仕事をしています。

　ですが、**私自身は留学経験もなければ、英語圏で暮らした経験もありません**。それでも英語の読み書きや会話ができるようになったのには理由があります。

「文の形（パターン）」を徹底的に研究したのです。

文の形とは、ごく簡単にいうと、いわゆる英語の５文型を意味します。
「また５文型とか文法の話か……。そういうのじゃない方法を知りたいのに」
とがっかりしましたか？

　ですが、声を大にしてお伝えしたいのは、**日本語の環境にいながら英語を習得するのなら、文法を学ぶのがいちばんコスパがいい！**　ということです。
ほとんどの英文は５つの文型のいずれかにあてはまるので、文型が決まれば
だいたいの意味がつかめるのです。

　そして、**文型をつかむポイントとなるのが、修飾語であるＭ**です（後ほど詳しく解説しますね）。

　文の形（パターン）を知ることで文法に強くなり、「英語を読む力」がつく
と、聞く力や話す力も自然と向上します。しかも、おもに中学英語で習う文
法事項でよいのです。

　そう、**この本は「英語を読む力を身につけて、英語力の底上げをしていこう！」**というのがテーマです。

　英語を読む力を身につけるといっても、「英字新聞を読む」などといったレ
ベルの高いゴールではなく、最初はTwitterくらいの140文字程度の英文を臆
することなく読めるようになるのが目標です。

　語学学習は最初の目標が低いほど、楽しく続けられます。

　さあ、一緒にがんばりましょう！

やり直し英語塾 ナオック

簡単に機械翻訳できる時代に 英語を読む力が必要な理由とは？

「機械翻訳すれば、英文を訳すのなんて簡単。だから、英語を読めなくても問題はない」という意見もありますよね。そんな時代にあって、なぜ英語を読む力が必要なのか？　私は次のようなメリットがあると考えています。

1 最新の知見を得られる

　世界の最新情報は、英語で発信されることがほとんどです。英語をきっちり読むことができると、インターネット上の英文記事はもちろん、**英文の雑誌や新聞などに直接アクセスでき、情報の幅が広がります。**

　たしかにこういった英文は、機械翻訳すれば簡単に読むことができます。ですが、知りたい情報が英語で書かれていた場合、実際に翻訳にかけることは意外に少ないのではないでしょうか？　日本語で書かれた別のサイトを探し直すことも多いのでは？

「翻訳にかける」という1アクションは簡単でも、心理的にめんどうで避けてしまうのはよくあるケースです。

　また、この本を手に取った方は「いずれは自分で英文を読めるようになりたい」と思われていることでしょう。機械翻訳はまだ発達途上です。一緒に英語を読む力をつけていきましょう！

2 興味・関心をより深められる

　みなさんの中に、海外のアーティストや俳優のファンだ、という方はいますか？

いまはSNSを通して世界中のファン同士でやりとりできる時代です。たとえばアメリカで行われたコンサートの熱狂を、コンサートに参加した現地ファンのつぶやき（英語）で追っかける……なんてこともあるのではないでしょうか？

趣味の世界はもちろん、それ以外でも、**英語を用いての情報交換ができれば、あなたの興味・関心をより深めることができます。**

3 話す力は、読む力を養ってこそ伸びる

英語を読む力がもたらす**最大のメリットは、英語力の底上げ**にあります。英語をきっちり読める＝英語の構造を理解できていることだからです。

私たちは言葉を発するとき、頭の中で語順などを整理しながら話しています。母語を話すときにはこの作業を自然に行うことができますが、外国語ではそうはいきません。とくに英語は語順で意味が決まる言語ですから、正しい順番＝構造はとても重要。

英文を読むことは、英文の型を血肉にすること。**インプットはもちろん、アウトプットにも役立ちます。**

英語を読む力の重要性をわかっていただけたでしょうか？

たしかにSNSでも英語で書かれた情報が流れてくるもんね。でも読めるようになるかなぁ

大丈夫、大丈夫！　って突然失礼します。英語のことなら私、ナオックにおまかせください。一緒に学んでいきましょう

英文読解のポイントは M（修飾語）にあり！

　では、英語を読む力はどうやって伸ばせばよいかというと、「はじめに」で述べたMがポイントになります。MというのはModifier（修飾語）のことです。本書では以降Mと呼びます。

　次の例文を見てください。

The woman at the desk smiled girlishly at me when I admired her English.

　まぁまぁ長い文ですよね。なぜ長いかというと文にMが含まれているからです。
　では一旦この文からMを取ってみましょう。（　）でくくってみますね。

The woman （at the desk） smiled （girlishly）（at me）
（when I admired her English）.

　残ったのはThe woman smiled、主語と動詞だけの文になりました。
　これなら大まかな意味がつかめると思いませんか？　「その女性は微笑んだ」ですね。

　このようにMを見極めて取ってしまえば、英語は主要部分、つまり骨組み

だけになります。長い英文を読むには、このように**骨組みをとらえて大まかな意味をつかむことがとても大事**。

　ちなみにこの英文の全体の訳は、「私が英語をほめると受付の女性は少女のように私に向かって微笑んだ」です。

　骨組みだけになった文にはおもに５つの型（パターン）があります。これがいわゆる、**英語の５文型**です。

第1文型　SV		第2文型　SVC
第3文型　SVO		第4文型　SVOO
第5文型　SVOC		

　この表にある〇やCが一体何なのか、これらの５パターンをどう読めばよいのかもこの本で説明します。

● M を意識すると、英文が正確に読めるようになる！

　では**Mがどんな働きをしているのかというと、骨組みを詳しく説明する”飾り”の働き**をしています。

　例文ではat the deskが主語のthe womanを修飾して、単なる「女性」ではなく「受付にいる女性」と詳しい説明になっています。

　残りのMである① girlishly、② at me、③ when I admired her Englishはいずれも smiled（微笑んだ）を修飾していて、①「少女のように」、②「私に向かって」、③「英語をほめたときに」→ 微笑んだ、となっています。

　つまり「どのように」、「誰に」、「いつ」微笑んだのかという情報をつけ足しているのです。

大まかにつかんだ英文が、Mを理解することでより詳しく、状況がわかりやすくなりましたね。

Mを見極め、骨組み（文型）の意味をつかみ、最後にMがどの部分を修飾しているのかがわかれば、英文を正確に、はっきりと読めるようになります。
　そこで本書では、次のような手順で英文を読むクセをつけます。

① まずはMを見極めて、（　）でくくる

② 残った部分の文型を判断する

③ 大まかな訳が決まる

④ Mがどの部分にかかるのかを見極める

　とはいえ、どの部分がMなのかがわからないと、実践することができませんよね。大丈夫です！　この本では最初から最後まで、Mを見分ける方法を徹底的に解説しています。

「こんなことを考えながら読んでいたら時間がかかりすぎる」
「自然な英語の読み方とは思えない」

などと感じるかもしれません。

しかし、本書でお伝えするルールに従って数多くの英文にチャレンジしていくうちに、この考え方が自分の感覚として身につき、無意識のうちにこのルールに従って読めるようになります。

そうすれば、==英文をハッキリ理解しながら、スラスラと正しく読んでいくこと====ができます。==

この本ではできるだけ効率よく「英語を読む力」を身につけられるように、おもに**中学英語で習う文法事項の中から必須となる文法を厳選して解説**しています。

最後までお読みいただくと読解力がアップするだけでなく、学校英語でつまずきがちなポイントをひと通り整理できるようになっています。

※本書ではあらゆるパターン（型）を掲載しているわけではなく、頻度が高く重要なパターンを厳選して紹介しています。そうすることで、効率的に英語力を底上げします。

※本書で扱う「形容詞」や「副詞」の中には、正確には「形容詞句」や「副詞句」に該当するものもあります。本書では日本語の意味より、その語句の働きに着目し、総称して「形容詞」「副詞」などと呼ぶこととします。

長文だと「うわっ」ってなるけど、
（　）でくくると短い文になるね。
なんだかホッとする〜

そうそう！　まずは短い骨組みの文でだいたいの意味をつかむ。そうしているうちに、長文への苦手意識がなくなってくるはずですよ

本書に出てくる基本用語

　本書を読み進めていく上で基本となる用語をまとめました。途中で用語の意味がわからなくなったら、このページに戻って確認しましょう。

● 単語

　アルファベットが連なってできた言葉。notebook（ノート）、I（私）、cat（猫）など1つの場合は「語」、my notebook（私のノート）、a white cat（白い猫）など2つ以上の単語でできた言葉は「句」といいます。

主語	「誰／何がどうする」の「誰／何が／は」にあたる語句。S（＝ Subject）と呼ばれます。 例）I like movies.（私は映画が好きだ。） 　　⇒ Iが主語
目的語	動作が及ぶ相手（対象）や目的を表し、O（＝ Object）と呼びます。 例）I use the car.（私はその車を使う。） 　　⇒ the carが目的語
補語	主語Sや目的語Oに関する情報を補う語句のことで、C（＝ Complement）と呼ばれます。 文中で「S ＝ C」「O ＝ C」の関係が成り立ちます。 例）She is beautiful.（彼女はきれいだ。） 　　⇒ beautifulが補語

• 品詞

名詞、動詞、形容詞、副詞など、「〜詞」と呼ばれるものが品詞にあたります。
では、それぞれの品詞についても解説しましょう。

名詞	人や物、ことの名前を表す語。 **例）** Ken（ケン）、building（建物）、Japan（日本）

動詞	「〜する」「〜である」のように動作や状態を表す語。 V（＝ Verb）と呼びます。 **例）** be動詞（am、is、are）、speak（話す）、walk（歩く）、 have（持っている）

形容詞	人や物の性質や状態、形、数量などを表す語で、 名詞を修飾します。「高い」「広い」など、日本語の「い」で 終わる言葉を意味する英語はほとんど形容詞にあたります。 **例）** cheap（安い）、tall（高い）、smart（頭がいい）、 many（たくさんの）

補語	動作や様子、場所や時、頻度などを表す語で、 動詞や形容詞、ほかの副詞を修飾します。 日本語の「ずっと」「いつも」「その時」などを 意味する単語が副詞にあたります。 **例）** always（いつも）、sometimes（ときどき）、 in the park（公園内で）

　このほかにも冠詞（aやthe）、前置詞（with、at…）、接続詞（and、or…）助動詞（can、must…）などの品詞がありますが、英文を読むためにはまずは上の4つの区別がつくようになるのが重要です。ここですべて理解できなくても大丈夫！　本書で少しずつ慣れていきましょう。

Part **1**

基本かつ最重要の
「5文型」を学び直す

［本章をはじめる前に知っておきたいこと］

Part 2

修飾語Mを見分けて、英文をシンプルに読む

Part 3

文がまるごと修飾語?
長~いMはこう読み解く

[本章をはじめる前に知っておきたいこと]
「カタマリ」という考え方を深掘りする ···························· 120

Part 4

英語の文章でよく使われる
要注意表現7選

デザイン／山田知子、門倉直美（chichols）
イラスト／稲垣正子
校正／文字工房燦光
DTP／佐藤史子
編集協力／城戸千奈津
企画・編集／仁岸志保

基本かつ最重要の「5文型」を学び直す

この章では英文のもっとも基本となる「5文型」を学び直します。どんなに複雑に見える英文も5つの文型のどれかにあてはまります。逆に言えば、5文型をきっちりマスターすれば、どんな英文だって読めるということ！ ここでは、S（主語）、V（動詞）、O（目的語）、C（補語）という文の骨組みを理解しながら、とくにあいまいになりがちな第4文型、第5文型への理解も深めていきます。

どんな英文も5つの文型のどれかになる

「はじめに」でお話ししたように、どんなに複雑に見える英文も骨組みだけにしてしまえば、そのほとんどが下の5つの文型のどれかにあてはまります。

第1文型　SV「SはVする」

例　I run.　私は走る。

第2文型　SVC「SはCだ」

例　He is an actor.　彼は俳優だ。

第3文型　SVO「SはOを（に）Vする」

例　I use a car.　私は車を使う。

第4文型　SVOO「SはO₁にO₂をVする」

例　He gave me a camera.　彼は私にカメラをくれた。

第5文型　SVOC「SはOがCであるようにする、
　　　　　　　　SはOがCだと思う」

例　The news made her happy.　そのニュースは彼女を幸せにした。

「文型」や「文法」という言葉を聞くと、拒否反応を起こしてしまう人もいるかもしれませんが、このたった5つのパターンを押さえておくだけでほぼ

すべての英語を解釈できるのですから、身につけたほうがお得です。

　文型を学ぶ理由はほかにもあります。
　英語が語順によって意味が決まる言語だからです。

　日本語であれば、「私がそれやるよ」でも「それ、私がやるよ」でも意味が通じますが、英語では語順が変わると通じなくなってしまいます。
　たとえば「ケンはメアリーを愛している」と言いたいときは、Ken loves Mary. が正解。
　日本語なら「ケンはメアリーを愛している」でも「メアリーはケンを愛している」でも言っていることは同じですが、英語の場合 Mary loves Ken. では意味が変わってきます。ましてや、Loves Ken Mary. では当然ながら意味不明です。

　学生時代に文法が苦手だったという方もご安心ください。今度こそわかるようにていねいに解説していきます！

1 | 主語と動詞だけの シンプルな第1文型

SV

┤ パターン例文 ├

He jumped.

・第1文型を訳してみよう

では第1文型からはじめていきましょう。例文を見てください。

He jumped. 彼は飛び上がった。

英文は He が S（主語）、jumped が V（動詞）です。**S とは主語（Subject）を、V は動詞（Verb）を意味**していて、本書では S、V と表記します。

英語は主語と動詞が大事、だからどの文型にも SV が含まれています。例文は S と V だけでできているので、第1文型です。

文型が決まれば訳が決まります。第1文型は基本的に次のように訳します。

第1文型の訳し方

SはVする

ですから例文の訳は「彼は飛び上がった」。このようなシンプルな文は読みやすいですね。

この「Vする」の部分は、動詞が過去形であれば「Vした」になったり、助動詞のcanがくっついて「Vできる」になったり、微妙に変化します。

例 She smiled. 彼女は微笑んだ。

例 He can swim. 彼は泳げる。

・第1文型だからといって2語とは限らない

では、これらは何文型だと思いますか？

① He runs fast. 彼は速く走る。

② She smiled to me. 彼女は私に微笑みかけた。

③ He swims slowly. 彼はゆっくりと泳ぐ。

じつはこれらもすべて第1文型です。ここは大事なポイントなのですが、**第1文型がSVだからといって、2単語で構成されているとは限りません。**6ページでお伝えした通り、骨組みとなる文に修飾語がついて英文が長くなっていくからです。

①は He runs に fast がつけ加えた形ですね。この場合の fast は、run を詳しく説明していることに気づきましたか？　いわばつけ足しなので英文をつくる上ではなくてもいい部分です。

　ただ、やはりつけ足すことによってより詳しく表現できるので、必要最低限のSやVにこうしたつけ足しがくっつくことがほとんどです。②は to me、③は slowly がつけ足されています。

　くり返しになりますが、このようにほかの語句を詳しく説明する部分、飾りのような部分を「修飾語」といい、本書では M（Modifier）で表すこととします。

　6ページでも見たようにひとつの英文の中にMがいくつもくっつくことがあります。英文は飾りである修飾語がつくことでどんどん長く、複雑になります。ですから修飾語の**Mを取ってしまえば、骨組みだけのシンプルな文になる**のです。

　修飾語をが出てきたら（　）でくくってみましょう。そうするとSVだけのシンプルな文、骨組みが見えてきます。

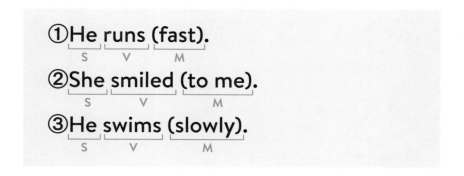

　Mの見分け方はのちほど詳しく説明します。Part 1ではまず、骨組みだけの文を読む練習をしていきましょう。

---- パターン例文 ----

He kicked a soccer ball.

• 英文の8割は第1文型か第3文型？

じつは英文のほとんどは第1文型SVか第3文型SVOです。逆にいえば、この2つの文型が理解できると、ほとんどの英文が読めるということ。本書で第2文型より先に第3文型を紹介するのはそのためです。

前項の第1文型はSVでしたが、これに○がついた形が第3文型です。

例文は「彼はサッカーボールを蹴った」という意味ですね。苦労なく読めたのではないでしょうか。

ただ、形、文型という視点から文を見る、というのが非常に重要なポイントなので、文を構成する要素をひとつひとつ見ていきましょう。

この文は He が S で、kick の過去形である kicked が V です。

では a soccer ball は？　この例文で重要なのがこの a soccer ball です。もしこれがないと、思わず「何を？」とツッコみたくなりませんか？

He kicked. 彼は蹴った。

何を？

「彼は蹴った」ということは、当然蹴った "相手" があるはずで、それがないと意味不明で文として成立しません。

ですから、彼が蹴った相手を V の後ろに置く必要があり、それがこの文では「サッカーボール」なのです。

このように主語（S）の行動（V）の相手となる言葉、つまり「何を」にあたる言葉を O（=Object）、日本語で「目的語」と呼びます。そうすると、この文は次のような第 3 文型だということがわかります。

He kicked a soccer ball.
S　　V　　　　O

彼はサッカーボールを蹴った。

彼は蹴った➡何を？　サッカーボールを

これでスッキリしたね

次の例文はどうでしょう。

He loves Meg.　彼はメグを愛している。
　　　S　　V　　　O

　これも Meg を取ってしまうと He loves. となり、彼が大好きなのは誰なのかという、いちばん知りたい情報が欠落してしまいます。

　「彼は愛している」とまで言ったら、「誰を」の部分まで言ってほしいですよね。彼が愛する相手、つまり○を loves の後ろに置かないといけません。それが Meg です。

She bought a car.　彼女は車を買った。
　　　S　　　V　　　　O

　この例文も She bought.（彼女は買った。）だけだと、よくわかりません。買ったもの、買った"相手"となる○がなければ意味不明です。

　このように○は相手役であり、「蹴った」に対して「何を」とか、「電話した」に対して「誰に」にあたる言葉なので、第3文型を見たら○の部分に「を」や「に」をあてがって次のように訳せばうまくいきます。

> ### 第3文型の訳し方
> # Sは○を（に）Vする

　例文のような内容であればいちいち文型を考えずとも訳せてしまうと思います。ですが、文の型を理解することが後により複雑な英文を読む際に大きな意味を持ってきますので、文型という観点で文をきちんと理解できるよう

25

になってください。

・動詞には自動詞と他動詞がある

　ここで非常に重要な話をします。動詞には2つの種類があるのです。

　kickのように相手を必要とする行動、つまり○を必要とする行動はほかにもたくさんあります。たとえばbuy（買う）、call（電話する）、meet（会う）には「買うもの」「電話する相手」「会う相手」が必要ですよね。

　こんなふうに、**後ろに○を置かなくてはいけない動詞を「他動詞」**といいます。

　一方、20ページで紹介したHe jumped.は○がなくても成立します。なぜかというと、jump（ジャンプする、飛び上がる）という行動は自分がジャンプすればよく、相手を必要としないため。つまり、○を必要としない動詞です。

　walk、swim、sleepなども自分だけで行動が完結する同じ仲間です。このような**○を必要としない動詞を「自動詞」**といいます。

目的語○を必要としない動詞 ➡ 自動詞
目的語○を必要とする動詞 ➡ 他動詞

　自分だけでできるから自動詞と覚えましょう

　つまり、動詞が自動詞であれば後ろに○は来ない、一方、動詞が他動詞であれば後ろに○が続くということです。

　このことが何の役に立つのかというと……7ページを見てください。

　○を含む文型は第3、第4、第5文型、一方、**○を含まない文型は第1、第2文型**です。

つまり、動詞が自動詞であれば第1文型か第2文型、一方、動詞が他動詞であれば第3文型、第4文型、第5文型のどれか、ということになります。

　このように自動詞か他動詞かがわかれば、文型を見分けるヒントになります。もっというと、ほとんどの自動詞は第1文型をつくり、ほとんどの他動詞は第3文型をつくります。

動詞が自動詞 ➡ 第1文型。たまに第2文型
動詞が他動詞 ➡ 第3文型。たまに第4文型や第5文型
※動詞の中には自動詞でも他動詞でも使えるものがありますが、いまの段階では気にしなくても大丈夫です。

　第1文型であれば「SはVする」、第3文型であれば「Sは〇をVする」と自ずと訳も決まります。自動詞と他動詞の区別が英文を訳す上で非常に役立つことがわかりますね。

3 | 代表格はbe動詞、「SはCだ」の第2文型
SVC

┤ パターン例文 ├

His friend went bad.

・そもそもCとは何か？

　例文の意味がわかりましたか？　単語自体はよく知っているものばかりですが、やや意味がつかみにくいのではないでしょうか？

> 「彼の友だちは悪い所へ行った」かな？

　正解を先にお伝えすると、訳は「彼の友だちは悪くなってしまった」、不良になってしまったという意味です。第2文型（SVC）の形をしています。

　第1文型、第3文型の文は簡単に訳せたのに、第2文型はなんだかむずかしいですね。

His friend went bad.
S   V   C

彼の友だちは悪くなってしまった。

ところで、Cとは何でしょうか。

日本語では「補語」と呼ばれ、主語に関する情報を補う言葉です。もう少しシンプルな例文で解説してみましょう。

She is my mother.
S   V   C

彼女は私の母だ。

この例文ではCに my mother（私の母）があり、主語の she（彼女）がどんな人物なのか、情報を補っています。彼女＝私の母、なのですね。

このように、SVCの文ではVを「＝（イコール）」に置き換えたとき、**SとCの間に「S＝C」の関係が成り立ちます。**

同じように冒頭の例文を見てみると、「彼の友だち＝悪い」が成り立つのですからbadはCだ、と判断できます。

His friend went bad.
S   V   C

His friend（彼の友だち）＝ bad（悪い）

第2文型だと決まれば訳が決まり、次のように訳します。

SはCだ

　ちなみに動詞goは「行く」という意味で使われることがほとんどですが、第2文型では**「～になる」という意味で使われます**。単なる「＝」の意味に加えて、「＝になった、＝になってしまった」というニュアンスが加わるのです。

　よって、「彼の友だちは悪くなってしまった」という訳になります。

　文型さえ見分けることができれば、「友だち＝悪い、不良」とだいたいの意味をつかめますね。

・SVCとSVOの見分け方

　例文の His friend went bad. のように、SVの後ろに語句（bad）がひとつ来ている場合、SVC（第2文型）かSVO（第3文型）の可能性があります。

　これをどのように見分けるかというと、やはりここでも**「S＝C」の関係に注目**し、第2文型のルールにあてはめてみます。あてはまれば第2文型、あてはまらなければ第3文型ということですね。

「S＝?」が成り立つ
➡ ?はCで第2文型SVC　よって訳は「SはCだ」

「S＝?」が成り立たない
➡ ?はOで第3文型SVO　よって訳は「SはOを（に）Vする」

　第2文型SVCのCは主語に関する説明、補足なので、「S＝C」が成り立ちます。一方、第3文型SVOのOはSの相手でした。SがVする、つまり蹴ったり、会ったり、愛したりする相手なので、当然Sとは別の人やモノです。「S

＝○」は成り立たないのです。

`第2文型`

She is my mother.
S　　V　　　　C

彼女は私の母だ。

「彼女＝私の母」　C は S に関する情報を補う。

`第3文型`

He loves Meg.
S　　V　　　O

彼はメグを愛している。

O は S が愛する相手。「彼 ≠ メグ」で別の人だから「S ≠ O」。

・動詞を見れば第 2 文型だとわかる？

　　S＝? が成り立つかどうかを考えずとも、動詞を見て文型を判断する方法もあります。じつは第 2 文型をよくつくる動詞というのがいくつかあるのです。

---

be 動詞（is、are など）

➡ be 動詞は基本的に「＝（イコール）」の意味を持ちます。

「＝」の右側が欠けていたら式として成り立ちません。このことからも、be 動詞の後ろには C が来ることがわかります。be 動詞が出てきたら 8〜9 割は第 2 文型と考えて問題ありません。

例 **My favorite food is pizza.**

私のお気に入りの食べ物はピザです。

---

be動詞以外の動詞もいくつかあります。

remain （〜のままだ）
➡ 「＝」の状態が今も続いているニュアンス
例 She remained beautiful.　彼女は美しいままだった。

become （〜になる）
➡ もともと「＝」ではなかったものが「＝」の状態になる変化のニュアンス
例 He became a music teacher.　彼は音楽の先生になった。

　これらも根底に「＝」の意味を持ち、S＝Cが成り立ちます。さらに、「Sは Cだ」の訳に、上のようなちょっとしたニュアンスが加わることを覚えてお きましょう。

　これらの動詞が出てきたら、そのあとに続く語句はCではないか、と予想 しましょう（ただし慣れないうちは、「S＝?」の関係が成り立つかどうかを確認してか らSVCと認定するのがおすすめです）。
　これ以外に、stayやgoなど、たまに第2文型をつくる動詞もありますが、ど んな動詞が何文型をつくるかについては、少しずつ覚えていけば大丈夫です。

　動詞と文型には強い関係性があり、「この動詞が来るなら第5文型かも」な どと予測ができるほどです。**動詞が文の形を決める**、といっても言い過ぎで はないかもしれません。
　動詞が文型と大きく関わっているということも少しずつ学んでいきましょう。

● be 動詞が第 2 文型にならないこともある

be動詞は8〜9割が第2文型をつくりますが、残りの1割は第1文型をつくります。たとえば次のような例文の場合です。

She was on the beach.

be動詞が第1文型をつくる場合、「ある、いる」という存在を表す意味になります。

例文は on the beach が M なので（　）でくくると She was、第1文型SVですね。このときのbe動詞は「ある、いる」なので「彼女はいた / ビーチに」になります。

She was (on the beach).
S　　　V　　　　　　　M

彼女はビーチにいた。

このように、同じ動詞でも文型によっては別の意味で使われることが英語ではよくあります。文型を見分けることはやっぱり大切なのです。

┤ パターン例文 ├

I will brew you some coffee.

・第4文型にはOが2つ

第4文型は第3文型SVOに目的語Oがもう1つつきます。

I will brew you some coffee.
S　　　V　　　O₁　　　O₂
　　　　　　　　人　　　モノ
あなたにコーヒーを淹れてあげましょう。

　動詞brewにwillがくっついていますが、まとめてVとして扱ってOKです。canやshould、mayなどの助動詞は[助動詞＋動詞の原形]で使うと習ったと思います。**助動詞は動詞とセットなので、ひとまとまりでVとします。**

例文はVのあとに、① you、② some coffee と2つの語句が並んでいるのがポイント。SVのあとに、「人 モノ」の順番で単語が並んでいたら、第4文型ではないかと考え、人→O₁、モノ→O₂とし、次のように訳します。

第4文型の訳し方

SはO₁（人）にO₂（モノ）をVする

　O₁ O₂の部分が［モノ モノ］になることもあります。ただ、やはり［人 モノ］と並ぶことが圧倒的に多いので、この形を見たら第4文型では？　と思うようにしましょう。

> you some coffee でひとつのOじゃないんだね

• 第4文型をつくる動詞

　これまでに何度か「動詞が文の形を決める」という話をしましたが、第4文型にもあてはまります。第4文型をつくることのできる動詞があり、おもに「与える」や「奪う」という意味を根底に持ちます。

「与える」ということは当然、与える「相手（人）」がいて、与える「モノ」がありますよね。よってこういう動詞の後ろに［人 モノ］という順番で単語が並んで、「人にモノを与える」という意味合いの文になることが多いのです。

　次ページで第4文型をつくる動詞の一部を紹介します。

　これらの動詞が出てきて、そのあとに［人 モノ］と並んでいたら、それらをO₁、O₂とし、第4文型「SはO₁にO₂を（何らかの形で）与える」、「SはO₁からO₂を（何らかの形で）奪う」という意味合いだと判断して大丈夫です。

✓ 第4文型をつくる動詞

give O_1 O_2	（O_1にO_2を）与える
lend O_1 O_2	（O_1にO_2を）貸す
bring O_1 O_2	（O_1にO_2を）持ってくる
send O_1 O_2	（O_1にO_2を）送る
show O_1 O_2	（O_1にO_2を）見せる
teach O_1 O_2	（O_1にO_2を）教える
tell O_1 O_2	（O_1にO_2を）伝える
make O_1 O_2	（O_1にO_2を）作ってあげる
cook O_1 O_2	（O_1にO_2を）料理してあげる
buy O_1 O_2	（O_1にO_2を）買ってあげる
find O_1 O_2	（O_1にO_2を）見つけてあげる
allow O_1 O_2	（O_1にO_2を）与える、配分する
ask O_1 O_2	（O_1にO_2を）たずねる
owe O_1 O_2	（O_1にO_2〈お金など〉を）借りている ※お金などを奪う
take O_1 O_2	（O_1にO_2〈時間・労力〉を）かけさせる ※時間・労力を奪う
cost O_1 O_2	（O_1にO_2〈お金・時間・犠牲〉を）払わせる ※お金・時間などを奪う

※第4文型をつくりますが、必ず第4文型になるというわけではありません。

例 He teaches me Japanese. 彼は私に日本語を教える。

例 I owe Ken 5,000 yen. 私はケンに5,000円借りている。

• 知らない単語があっても訳せる秘訣

第4文型の多くは「Sは O1に O2を（何らかの形で）与える」という意味合いになる、とお伝えしました。逆にいえば、文型がわかれば、知らない単語があっても訳せることがあります。

たとえば、冒頭の例文のbrewという単語の意味がわからないとしましょう。ところがbrewの後ろがyou（あなた）、some coffee（コーヒー）と、［人 モノ］の順番になっているので、「第4文型かも。だから、『あなたに、コーヒーを与える……』、入れてあげたってことかな？」などと予想がつきます。

もうひとついきましょう。

allowedの意味を知らなくてもこんな予想ができます。

「-edがついているからなんとなく動詞っぽい。その後ろにhim（彼）、そしてtime off……の意味はわからないけど、offだから休み的な何か？（そう！「休暇」を意味します）。

人、モノの順になっているから第4文型かな。『～に…を与える』と訳してみよう……『彼の上司は彼に休暇を与えた』かな」。正解です！

ちなみにallowが第4文型で使われる場合、「O1に O2を与える、配分する」という意味になります。

5 | 英語学習のつまずきポイント、第5文型を攻略
SVOC

┤ パターン例文 ├

I found the flower beautiful.

・第5文型の見分け方と特徴

例文の訳は「きれいな花を見つけた」ではないですよ。

この英文は第5文型SVOCの形をしています。SVの後ろには① the flower と② beautiful があり、SVのあとに2つ来ているという点では第4文型SVOO と同じ形です。どう見分けたらいいでしょうか？

ポイントは①②の間に「が」が挟まるかどうかです。

I found the flower beautiful.
その花「が」美しい

間に「が」をはさむことができますよね。こういう場合は第5文型、① the flower が○、② beautiful は C と判断します。

文型が決まれば訳が決まります。第5文型は次のように訳しましょう。

第5文型の訳し方

S は ○ が C であるようにする
S は ○ が C だと思う

I found the flower beautiful.
S   V   O   C

私はその花が美しいと思った。

・第 4 文型か第 5 文型かの見分け方

SV のあとに 2 つ来ている場合、第 4 文型 SVOO か第 5 文型 SVOC の可能性があります。その場合の見分け方を整理しましょう。

SV ??（?と?には語句が入ります）の形をしていたら、やはりここでも?と?の間に「が」を挟んでみましょう。意味が通れば第 5 文型、通らなければ第 4 文型ということですね。

> ?が?が成り立つ
> ➡ ?は○、?がCで第5文型SVOC。
> よって訳は「S は ○ が C であるようにする」「S は ○ が C だと思う」

> ?が?が成り立たない
> ➡ ?はO₁、?がO₂で第4文型SVOO。
> よって訳は「S は O₁ に O₂ を V する」

「主語述語の関係」をご存じですか？　これは「○がCだ」「○がCする」のような、間に「が」が挟まる関係、誰／何が（主語）、どうする／どうなんだ（述語）ですね。**○とCの間にこのような「主語述語の関係」があるのは第5文型だけの特徴**です。

　第4文型SVOOのO₁O₂が［人 モノ］になっていない場合はとくに、第5文型と見分けがつきにくいことがあります。ですが、この方法でなら第4文型と第5文型をすべて区別することができます。

・第5文型でよく使われる動詞

　動詞が文の形を決めるというのは第5文型も同様です。第5文型をつくることができる動詞は**根底に「思う」「〜にする」という意味を持つ動詞が多く使われます**。

☑ **第5文型をつくる動詞**

think ○ C	○がCだと思う
consider ○ C	○がCだと思う
believe ○ C	○がCだと信じる
find ○ C	○がCだとわかる、思う
prove ○ C	○がCだとわかる、と示す
make ○ C	○をCにする
keep ○ C	○をCのままに保つ
leave ○ C	○をCのままにしておく
set ○ C	○をCにする

第5文型をつくりますが、必ず第5文型というわけではありません。

例 I think him honest.　私は彼が正直だと思う。

例 She left the window open.　彼女は窓を開けたままにしておいた。

　これらの動詞を知っておくメリットは大きいですよ。なぜなら**第5文型SVOCは5つの文型の中でダントツに文型がひと目でわかりにくく、読み間違いが非常に多いから**です。そこで、第5文型をつくる動詞を覚えておけば、その動詞が出てきた時点で「第5文型の文になっている可能性があるな」と予想ができます。

　そして、動詞のあとに2つ出てきてその間に「が」を挟むことができれば、その2つはOとCに確定です。

第5文型を判断するポイント

① 第5文型をつくる動詞かどうか

② OとCの間に「が」を挟めるか

　ただし、残念ながら、これらの動詞が出てきたら絶対に第5文型になっている、というわけではなく、たいていの場合は第3文型SVOで使われています。

　ですが、うまく訳せないときに、「そういえば、この動詞は第5文型にも使えるんだったな」と気づけることが重要です。

　これまでの項でも、同じ動詞なのに文型が異なると違った意味になる例が出てきましたよね。

　たとえば動詞findはおもに①見つける、②（経験などを通して）〜だとわかる、思う、という2つの意味で使われますが、第5文型SVOCでは②の意味で使われることがほとんどです。つまり、文型を見極めることによって、①と②のどちらの意味で訳せばいいかがわかります。

　この点からも文型を確認しながら読むことの大切さがわかりますね。

　ここまで学んだ内容で、Mのついていない文の文型は見分けられるように
なったはずです。では、ためしに次の英文を訳してみましょう。

問題

---

❶ He has a lot of interesting books.

---

❷ The leaves turned red.

　　語注：leaves 木の葉

---

❸ He showed me a beautiful picture.

---

❹ We remained good friends.

---

❺ We called her a taxi.

---

❻ We call her Alex.

---

❼ They chose him chairman of the meeting.

　　語注：chairman of the meeting ミーティングの司会者

---

❽ Refrigerators keep food fresh.

解答・解説

❶ 彼はたくさんの面白い本を持っている。

He has a lot of interesting books.

S　V　　　　　　O

a lot of interesting books で「たくさんのおもしろい本」というひとカタマリであることに注意。a、the、my、a lot of などのあとには必ずひとつ名詞が来るはずで、間に何が挟まろうともaやtheなどからその名詞までをひとカタマリと考えましょう。SV⁇なので、SVCかSVO。hasを「＝」に書き換えると、「彼≠本」なのでa lot of interesting booksは○。ちなみに、haveは「持っている」なので、○が必要な他動詞。

❷ 木の葉が赤くなった。

The leaves turned red.

　　S　　　V　　C

第2文型。SVの後はred1語のみなので、SV⁇。turnedを「＝」に書き換えると、「木の葉＝赤い」と成り立つので、redはC。「SはCだ」と訳しますが、turnはたまに第2文型をつくり、その場合は「＝」に「〜になる」というニュアンスが加わります。

❸ 彼は私に美しい絵を見せた。

He showed me a beautiful picture.

S　V　　O　　　　O

第4文型。He（S）、showed（V）の後ろに「私」、「美しい絵」と2つ来ています。つまり［人 モノ］。「私が絵」は成り立たないため、SVOOです。

43

❹ 私たちはよい友だちのままだった。

We remained good friends.
S　V　　　C

　第2文型。We（S）、remained（V）の後にgood friends「いい友だち」とひとつ来ているので、SV？の形。remainを「＝」に書き換えると、「私たち＝よい友だち」が成り立つのでgood friendsはC。remainは第2文型をよくつくる動詞です。

---

❺ 私たちは彼女にタクシーを呼んであげた。

We called her a taxi.
S　V　　O　　O

　第4文型。We（S）、called（V）の後に、「彼女」、「タクシー」と2つ来ています。SV？？の形なので、間に「が」を挟むと「彼女がタクシーだ」と成り立たないため、SVOO。また、[人 モノ]の順番になっているので見分けやすいです。

---

❻ 私たちは彼女をアレックスと呼ぶ。

We call her Alex.
S　V　O　C

　第5文型。We（S）、called（V）のあとに、「彼女」、「アレックス」と2つ来ています。SV？？の形なので間に「が」を挟むと、「彼女がアレックスだ」と成り立つので、herがO、AlexがC。callは第3文型以外に第4文型や第5文型もつくれます。第3文型で「Oを呼ぶ、Oに電話する」、第4文型で「O1にO2を呼んであげる」、第5文型で「OをCと呼ぶ」。

❼ 彼らは彼をミーティングの司会者に選んだ。

They chose him chairman of the meeting.
　S　　V　　O　　　　　C

　第5文型。They（S）、chose（V）のあとに、「彼」、「ミーティングの司会者」と2つ来ています。語注にあるようにchairman of the meetingでひとカタマリとしてとらえられることに注意。SV[?][?]の形なので間に「が」を挟むと、「彼が司会者だ」と成り立ちます。よってhimがO、chairman of the meetingがC。chooseも第5文型をつくることがある動詞で、choose O Cで、「OをCに選ぶ」。

❽ 冷蔵庫は食べ物を新鮮に保つ。

直訳は「冷蔵庫は食べ物が新鮮である状態を保つ」

Refrigerators keep food fresh.
　　S　　　　V　　O　　C

　第5文型。Refrigerators（S）、keep（V）のあとに、「食べ物」、「新鮮な（状態）」と2つ来ていることに注意。SV[?][?]の形なので間に「が」を挟むと、「食べ物が新鮮な（状態）」と成り立つのでfoodがO、freshがC。keepは第3文型以外に、第2文型や第5文型をつくることもできる動詞で、keep O Cで、「OをCに保つ」。

MEMO

2

修飾語Mを見分けて、英文をシンプルに読む

Part 1 ではMのない骨組みだけの文の形を学びました。ですが実際の英文では、Mがついて構造が複雑になることがほとんどです。そこで、この章ではMとそれ以外（SVOC）を見分けるときのカギになる重要品詞（副詞・形容詞・名詞）をまずはおさらい。それらをふまえ、Mなのかそうでないのか迷いがちな文法項目（不定詞、動名詞、-ing形／-ed形など）を解説します。

英語を理解するのに、 品詞はどう役立つの?

本章の解説に入る前にちょっと前おきです。

Part 1では骨組みだけの文を読む練習をしましたが、実際の英文には飾りM（修飾語）がくっついて文が長くなります。ですから、ひとまずMを取り外して骨組みだけの文にしてみましょう、というのが本書の提案です。シンプルな骨組みだけの英文になれば読みやすくなり、大意がつかめます。

ただし、**飾りを見分けて取り外すためには、品詞を理解する必要**があります。品詞とは名詞、動詞など「〜詞」と呼ばれるものですね。

このうち必ず理解しておかないといけないのが①**名詞**、②**形容詞**、③**副詞**です。文型という視点でいくと、それぞれ次のような働きをします。

名詞	S、O、C、前置詞のO（前置詞の後ろに来る）になる
形容詞	C、Mになる
副詞	Mになる

英文を読む上で品詞がどのように役立つのか、気になりますよね。

上のかこみを見ると、副詞はMにしかならないことがわかります。たとえば英文を見て、「この単語は副詞だ」とわかれば、その語はMに決まり。（　）でくくってしまえば、複雑な文が一気にシンプルになります。

追って解説しますが、次の文のTo report the incident,のように、いくつかの語がひとカタマリで副詞の働きをすることもあります。

ここがM（副詞）なので、いったん（　）でくくって取り外す

(To report the incident,) we called the police.

事件を報告するために、私たちは警察に電話した。

We called the police. これならわかる！

　名詞はどうでしょう？　文の骨組みはS、V、O、Cですが、左のかこみを見ると、名詞はV以外ならなんにでもなれることがわかります。いわば、名詞は文の骨組みとなる中心メンバー。

　よって、文中に名詞を見つけたら、飾りではなく骨組みだと考えることができます。

　もちろん、形容詞にも同じように固有の働きがあります。つまり品詞を知ることで、その単語がどんな役割をしているのかがわかるだけでなく、

1 文の骨組みと飾りMを見分けることができる
2 文型が見分けられる
➡ つまり、訳せる！

「品詞」というととっつきにくく感じるかもしれませんが、知っていれば文型が一発で見分けられることだってある、非常に有用な考え方なのです。

現時点で品詞がよくわからなくても大丈夫！
本書を読み進めていくうちに、しだいにわかる
ようになってきますので安心してください

49

パターン例文

ここに注目！

Yesterday, he ate salmon.

・副詞は動詞を修飾する？

それでは副詞から見ていきましょう。大丈夫、できるだけわかりやすく説明しますね。

副詞はM（修飾語）にしかならないので、文中に出てきたらすぐに（　）でくくり、外すことができます。例文を見てみましょう。

先に答えを言ってしまうと、yesterday が副詞です。yesterday を（　）でくくれば、he ate salmon と骨組みだけの文になります。

鮭、おいしそ〜

(Yesterday,) he ate salmon.
M（＝副詞）　　　S　 V　　 O

副詞Mは何を修飾しているのでしょうか？

yesterday（昨日）→ he（彼）
yesterday（昨日）→ salmon（鮭）

これだとおかしいですよね。この文では、**Yesterday → ate（食べた）とV（動詞）にかかっています。** このように**副詞は動詞を修飾する働き**をします。

(Yesterday,) he ate salmon.
M（＝副詞）　　　S　 V　　 O

昨日、彼は鮭を食べた。

　正確にいうと、副詞は「名詞以外を修飾する」が正解ですが、ひとまず**「動詞を修飾する」**ということだけ覚えておいてもよいでしょう。副詞は文頭のほか、文末にもよく置かれます。

study hard（副詞）　一生懸命に → 勉強する

listen carefully（副詞）　注意深く → 聴く

・副詞の見分け方

yesterdayが副詞だとお伝えしましたが、肝心なのは副詞をどう見分けるのかということです。3つの見分け方を紹介します。

1 -ly のつくものはだいたい副詞

中には例外もありますが、quickly（素早く）、finally（ついに）、probably（たぶん）などのように、末尾が -ly で終わる語はほとんどが副詞です。

2 時間や場所を表す語はだいたい副詞

-ly がつかない副詞もあり、多くは時間や場所を表します。

残念ながら覚えるしかありませんが、見つけたら一発でMとわかり、（　）でくくって外せるので覚える価値があります。コスパ高いです。

一部紹介するのでできるだけ覚えておいて、これらを見たら「副詞だ！」と反応できるようにしましょう。

---

1 時間　yesterday、today、tonight、last night、this weekなどの
　　　　[this/last/next＋時を表す語]

2 場所　here（ここに）、there（そこに）など

3 頻度　always（いつも）、sometimes（ときどき）、usually（ふだん）、
　　　　often（よく）

4 程度　hard（一生懸命）、(very) much（非常に、とても）

---

3 文頭・文末・カンマで文から切り離されているものはだいたい副詞

副詞は位置や形で見分けることも可能です。Yesterday,のようにカンマなどで文から切り離されている部分は副詞の可能性が高く、特に**文頭に来て[…, SV] の形になっている場合、カンマのついた […,] の部分は副詞**と判断してかまいません。文が来て[…………………,]と長くなっても副詞。カタマリの長さは関係ありません（長くなる場合は追って解説します）。

7 | 名詞を詳しく説明するのが 形容詞

形容詞

―| パターン例文 |―

ここに注目!

He stayed calm.

・形容詞は名詞を修飾する

　品詞を見分けられれば、どの単語がM（修飾語）で、どの単語が骨組みであるSやCなのかを見分けやすくなるとお伝えしました。今回は形容詞について見ていきましょう。

　形容詞には、本書の冒頭で紹介したように「名詞を修飾」する働きがあります。日本語はこんな感じです。

大きな → 蝶
赤い → 靴
おいしい → パン

「～い」っていうのが
多いんだね

英語も同じで、基本は名詞にくっつけて使います。

> a <u>famous</u> pianist （一人の）有名な ➡ ピアニスト
>
> a <u>big</u> cat （一匹の）大きな ➡ ネコ
>
> a <u>beautiful</u> flower （一本の）美しい ➡ 花

形容詞と副詞はともにMですが、修飾するものが違います。形容詞は名詞担当、副詞は名詞以外（おもに動詞）担当、と覚えましょう。

	修飾するもの	何になる	例
形容詞	名詞	M　C	an <u>old</u> man
副詞	名詞以外 （おもに動詞）	M	speak <u>slowly</u>

形容詞は名詞にくっついて名詞を修飾するので、本来はMです。

名詞 flower の飾りなので M

ですが本書では、このように名詞の前にくっつく形容詞はMとして扱わないこととします。a beautiful flowerのようにひとカタマリとみなすほうが文型がシンプルになり、意味も理解しやすいからです。

・名詞にくっつかない形容詞はC

　形容詞はCになる場合もあります。冒頭の例文を見てみましょう。

He stayed calm.
　　　　S　　　V　　　　C

　calmは「静かな、冷静な」という形容詞ですが、この文では名詞にくっついていません。このように、**形容詞は独立して使われることがあり、この場合はMではなくCになります**。「彼」＝「冷静だ」が成立していますね。

　もうひとつ例文を見てみましょう。

This villege is peaceful.
　　　　　　S　　　V　　　　C

この村はのどかだ。

　形容詞peacefulは名詞にくっついておらず、独立してCになっています。「この村」＝「のどかだ」の関係です。

　ということでcalmはC、文型がわかれば訳が決まります。第2文型の訳は「SはCだ」なので「彼は冷静だった」です。

　ちなみに動詞stayが第2文型で使われる場合は「＝のままだ」という風味が加わり、よって訳は「彼は冷静なままだった」になります。

　「彼は静かなところにいました」と訳してはいけませんよ。しっかり文型で考えましょう。

わかってきた！

● 単語のカタマリが形容詞の働きをすることもある

a <u>famous</u> pianist
a <u>big</u> cat

　このような形容詞とは異なり、複数の語がくっついて形容詞の働きをすることがあります。

　次の例文を見てください。ここでは、with a suitcase（スーツケースを持った）という３つの語がくっついて the man を修飾する形容詞の働きをしています。famous（有名な）や big（大きい）などの、いわゆる形容詞が使われていなくても、形容詞の働きができるのです。

まとめて M（形容詞）

The man with a suitcase is my father.
①　　②　　③

スーツケースを持った男性は私の父親です。

　このように**複数の単語が結びついてひとカタマリで形容詞として働いている場合は、修飾する名詞の後ろにくっつく**ことに注意してください。**英語では長い語句は後回しにする**傾向があります。

　本書では名詞の後ろにくっついた形容詞のカタマリは（　）でくくって、Mとして扱うことにします。そうすると文がスッキリします。

　形容詞のカタマリが名詞の後ろにつく例文をいくつかご紹介

しましょう。

例 The phone <u>on the desk</u> is mine.

　机の上の電話は私のものです。

例 Did you see the article <u>in the newspaper</u>?

　あなたは新聞に載ってた記事を見た？

最後に、この本での形容詞の扱いについてまとめておきます。

- ・名詞の前にくっつく　➡ 名詞とセットでひとカタマリで考える。
- ・名詞の後ろにくっつく　➡ Mとして扱い、（　）でくくる。
さらに
- ・名詞にくっつかず独立している　➡ Cと判断する。

単語のカタマリが形容詞の働きをするパターンは本書にもたくさん出てきますので、徐々に理解していきましょう。

8 ［前置詞＋名詞］は副詞か形容詞になる

前置詞＋名詞

┤ パターン例文 ├

ここに注目!

I saw a man in strange clothes at the station.

•［前置詞＋名詞］はMと決めてよし！

英文の中に"この形"を見た瞬間、Mと決めて（ ）でくくってしまっていいものが副詞のほかにもあります。**［前置詞＋名詞］**の形です。

例文には［前置詞＋名詞］の形が2つありますよね。わかりますか？　そう、① in strange clothes と② at the station です。

この2つをMと判断して、（ ）でくくりましょう。すると、文の骨組みだけが浮き上がり、第3文型SVOだとわかります。

I saw a man (in strange clothes)
$\underset{\text{S}}{\llcorner\lrcorner}$ $\underset{\text{V}}{\llcorner\lrcorner}$ $\underset{\text{O}}{\llcorner\lrcorner}$ $\underset{\text{M}}{\llcorner\rule{5em}{0pt}\lrcorner}$

(at the station).
$\underset{\text{M}}{\llcorner\rule{3em}{0pt}\lrcorner}$

　両者とも［前置詞＋名詞］の形をしていますが、それぞれの働きは違います。**［前置詞＋名詞］は副詞になる場合と形容詞になる場合**があるのです。

　まず①in strange clothesはinが前置詞、clothesが名詞です。このように間にstrangeなど別の言葉が挟まることもありますが、前置詞から名詞までをひとカタマリとみなすクセをつけましょう。

　①は「おかしな服の」という意味ですね。さて、動詞sawを修飾していますか？　「おかしな服の」→「見た」だとおかしいですよね？

　じつは前にあるmanにかけると意味が通ります。**manは名詞ですから、in strange clothesは形容詞の働き**をしているのです。

a man in strange clothes

おかしな服を着た → 男

　では文末の②at the stationはどうでしょう？

　この部分は動詞saw（見た）にかかっています。ということは副詞で、［前置詞＋名詞］はひとカタマリで副詞として働いているのですね。

I saw a man 〜 at the station.

駅で → 見た

このように［前置詞＋名詞］はひとカタマリで、形容詞もしくは副詞として働くMになります。

では、どういう場合に形容詞として働き、どういう場合に副詞として働くのか？　残念ながら、in＋名詞だと形容詞句になり、at＋名詞だと副詞句になるなど、**単語や形で見分けることはできません。**

下の英文は、at the gate というまったく同じ姿の［前置詞＋名詞］が違う役割をしている例です。

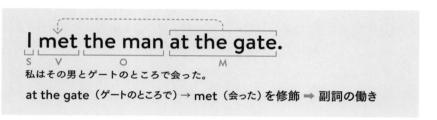

I met the man at the gate.
S　V　　O　　　　M
私はその男とゲートのところで会った。

at the gate（ゲートのところで）→ met（会った）を修飾 ➡ 副詞の働き

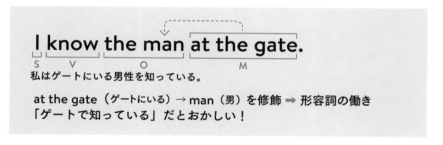

I know the man at the gate.
S　V　　O　　　M
私はゲートにいる男性を知っている。

at the gate（ゲートにいる）→ man（男）を修飾 ➡ 形容詞の働き
「ゲートで知っている」だとおかしい！

どの単語を修飾しているか、また、その単語が名詞なのか、動詞なのかは、このように意味でしか確かめられないのです。よって、英文全体の訳は次のようになります。

I saw a man in strange clothes at the station.

私はおかしな服を着た男性を駅で見た。

9 不定詞の基本はおなじみ [to＋動詞の原形]

不定詞①SV＋to＋動詞の原形

パターン例文

ここに注目!

He likes **to eat** cheese.

●不定詞※の基本は to ＋動詞の原形

ここまでMを見極めるための重要品詞である副詞、形容詞、名詞について学びました。ここからはその知識を踏まえ、Mなのか、そうでないのか、迷いがちな文法項目について説明していきます。

最初は不定詞を取り上げます。不定詞でなぜ迷ってしまうかというと、使い方によってS、O、C、Mのどれにでもなれるからです。

とりあえずいまは「不定詞」という言葉の意味がわからなくても大丈夫！まずは形から覚えていきましょう。不定詞は次のような形をしています。

to＋動詞の原形

see（動詞）➡ to see（不定詞）

need（動詞）➡ to need（不定詞）

　動詞の原形にto がつくと不定詞になり、①名詞的用法、②形容詞的用法、③副詞的用法の３つの働きがあります。

　例文を見ていきましょう！

　to eat cheese の部分が不定詞になっているのがわかりますか？　eat cheese で「チーズを食べる」ですから、to eat cheese でひとつのカタマリと考えてください。

> to eat cheese をひとカタマリ
> と考えればSV ? の形ですね

　そうすると、例文ではlike という動詞のあとにto＋動詞の原形（不定詞）のカタマリが続き、次のような形をしていることがわかります。

［SV＋to＋動詞※の原形（不定詞）］　※Vは他動詞

　like の後ろには好きな相手、Oが来るはずですよね？　Oになれるのは名詞のみですから、to eat cheese がひとカタマリで名詞になっていることがわかります。

　［SV＋to＋動詞の原形（不定詞）］の形を見たら、名詞のカタマリ、名詞的用法の不定詞になっているのではないか、と考えましょう。

　そして、名詞的用法とわかれば訳が決まります。

不定詞（名詞的用法）の訳し方

「〜すること」

よって、「彼は / 好きだ / チーズを食べることが」、つまり「彼はチーズを食べることが好きだ」です。

He likes to eat cheese.
S　　V　　　　O（＝to＋動詞の原形）

彼はチーズを食べることが好きだ。

名詞的用法＝名詞扱いできるということなので、O以外に、S、Cになることもできます（48ページ参照。ただし、不定詞は前置詞の後ろに置くことはできません。for to eat などと前置詞の後ろに置くと、前置詞が連続するような不自然な響きがするからです）。

名詞　　　　　　　➡ 主語（S）、目的語（O）、補語（C）になれる
　　　　　　　　　　　　　よって
不定詞の名詞的用法 ➡ 主語（S）、目的語（O）、補語（C）になれる

主語　　To play soccer is fun.　サッカーをするのは楽しい。

目的語　He started to study Chinese.　彼は中国語を勉強しはじめた。

補語　　My dream is to be a pianist.　私の夢はピアニストになることだ。

ただし、いちばん目にすることが多いのは、SVOのOが不定詞になる［SV
＋to＋動詞の原形］のパターンです。

•不定詞と動詞には相性がある

ふたたび例文を見てください。likes to eat 〜と他動詞likeの直後に不定詞
がくっついていますよね？　このように**不定詞は動詞の後ろに置いてよくセッ
トで使います**。

ただし、不定詞はどんな動詞の後ろにでも置けるわけではありません。一
緒に使う動詞は限られていて、おもに次の動詞がよく使われます。これらの
動詞のあとに続く不定詞は名詞的用法で、「〜すること」と訳します。

☑ 直後に不定詞を持って来ることができる動詞一覧

like + to + 動詞の原形	〜するのが好き
want + to + 動詞の原形	〜したい
start（begin）+ to + 動詞の原形	〜しはじめる
hope + to + 動詞の原形	〜することを望む、希望する
wish + to + 動詞の原形	（できれば）〜したいと思う
plan + to + 動詞の原形	〜するつもりだ
decide + to + 動詞の原形	〜しようと決心する
prepare + to + 動詞の原形	〜する準備をする
fail + to + 動詞の原形	〜できない

| **refuse** + to + 動詞の原形 | ～することを拒む |
| **aim** + to + 動詞の原形 | ～することを目指す |

•前置詞 to との見分け方

　to という単語は to ＋動詞の原形（不定詞）以外に前置詞としても使うため、文中に出てきたときにどっちかわからなくなってしまうことがあります。

I go to school. 私は学校へ行く。

前置詞の to それとも 不定詞の to ？

　このぐらいの例文であれば問題ないかもしれませんが、もし不定詞か前置詞か迷ってしまったら、to の後ろをチェックしましょう。school は動詞ではなくて、名詞ですよね？

　そう、前置詞 to の場合は、後ろには名詞がつきます。この場合は「～へ、～に」の意味ですね。

　よって次のように見極めるとよいでしょう。

> **to の後ろが動詞（to ＋動詞）** ➡ 不定詞「～すること」
> **to の後ろが名詞（to ＋名詞）** ➡ 前置詞「～へ、～に」

to の後ろが動詞か名詞かの違いかぁ。
こうして文を形で見るとよくわかるね

● 5W1Hにくっつく不定詞はどう訳す？

不定詞がwhy（なぜ）、when（いつ）などの5W1Hにくっつい
て、［5W1H＋to＋動詞の原形（不定詞）］のカタマリになること
があります。代表的なものでいえば、how to 〜（どのように〜す
るべきか、〜する方法）、日本語の「ハウツー」でおなじみですね。
［5W1H＋to＋動詞の原形］を見たら、次のように訳しましょ
う。いくつか例をあげます。

what（なに）　　＋to＋動詞の原形 ➡ なにを（が）〜するべきか

when（いつ）　　＋to＋動詞の原形 ➡ いつ〜するべきか

where（どこで）　＋to＋動詞の原形 ➡ どこで〜するべきか

例 **This is what to do in Paris.** →ひとカタマリでC
　　　S　　V　　　　C

これがパリで何をすべきかだ。→パリでのおすすめ。

例 **He doesn't know where to go.** →ひとカタマリでO
　　S　　　V　　　　O

彼はどこへ行ったらいいか知らない。

そして［5W1H＋to＋動詞の原形］は名詞的用法です。名詞
ですから、S、O、Cになれるほか、前置詞の後ろにも置けます。

前置詞の後ろに来ている例も紹介しましょう。

The website has an article
S　　　　　V　　　　O
前置詞　5W1H＋to＋動詞の原形
about how to solve the problem.
M

そのウェブサイトには、問題を解決する方法に関する記事がある。

aboutは前置詞なので、通常は後ろに名詞が来て、[前置詞＋名詞]でMになると考えます。

ところがaboutの後ろに[5W1H＋to＋動詞の原形]が来ていますね。このように、名詞が来る場所に[5W1H＋to＋動詞の原形]があることからも、名詞の役割をしていることがわかります。

ということで[5W1H＋to＋動詞の原形（不定詞）]を見たら、「～するべきか」と訳しましょう。名詞のカタマリでSやOやC、または前置詞の後ろに来ているはずです。

「ハウツー」ってよく使ってるけど不定詞だったんだね

what to～、where to～なども会話でもよく使うから、覚えておくと便利ですよ

10 | 名詞を修飾する不定詞は 形容詞として働く

不定詞②名詞＋to＋動詞の原形

┤ パターン例文 ├

ここに注目！

His desire to be famous grew strong.

・形容詞になれる不定詞とは？

　英文の中に［to＋動詞の原形（不定詞）］の形が出てきたら、「ここからカタマリがはじまるのでは？」と予測できるようになると、読解力はさらにアップします。

　例文は to be famous（有名になる）でひとカタマリになっています。これも不定詞の表現ですが、ポイントは［to＋動詞の原形］の前にどんな単語があるか、です。

　His desire（彼の願望）という名詞がありますね。

　名詞＋to＋動詞の原形（不定詞）

この形になっていたら、その不定詞は**形容詞の働きをしている**のではないか、と考えましょう（文法用語で「形容詞的用法」といいます）。

形容詞の働きを覚えていますか？　そう、名詞を修飾します。だから名詞his desireにくっついているわけです。to / be / famousと複数の語が結びついてひとつの形容詞になっているのですね。

不定詞の形容詞的用法は「…するための〜、…するべき〜」という訳を学校で習いますが、**形容詞的用法を訳すときに重要なのは、前の名詞を修飾するということ**です。前の名詞にかかるように訳せばよく、「…するための〜、…するべき〜」という訳にこだわる必要はありません。

「彼の願望」というのはどんな願望なのか、を説明するのがto be famousの部分。つまり、「有名になる」願望でよいのです。

「…するための〜、…するべき〜」
という訳にはこだわらなくて大丈夫！

・不定詞の形容詞用法はM！（　）でくくる

この本では、形容詞が名詞を後ろから修飾していたらMとして扱いますので（56ページ参照）、不定詞の部分は（　）でくくるようにしましょう。すると文の骨組みが見えてきます。

His desire (to be famous) grew strong.
　　S　　　　　M　　　　V　　?

S、Vとその後ろにひとつだけのシンプルな形になりました。

さて、strongはC、Oのどっちでしょう？　第2文型ならC、第3文型なら○です。

strongが形容詞だとわからなくても、his desire（S）とstrong（CかO）の間に「＝」を挟むと「彼の願望＝強い」が成り立ちます。第2文型の条件であるS＝Cを満たすので、第2文型だとわかり、訳が決まります。

第2文型の訳「SはCだ」に、grow（～になる）のニュアンスを加え、「有名になりたい、という彼の願望は強くなった」と訳すとよいでしょう。

ちなみにstrongは形容詞。名詞にくっついてない形容詞はCにしかならないから、一見して第2文型だとわかるんです

なるほど…たしかに品詞がわかるようになると便利だね

── パターン例文 ──

ここに注目！

He studies English to go to America.

・不定詞の副詞的用法の特徴

　不定詞は［to＋動詞の原形］の形をとり、文中で①名詞、②形容詞、③副詞になることができる、とお伝えしました。**ここでは3つめの働き、副詞としての使い方**（文法用語で「副詞的用法」といいます）について解説します。

　副詞的用法の不定詞は次のように訳します。

不定詞（副詞的用法）の訳し方

「〜するために」

じつは、**副詞的用法をひと目で見分けるのはちょっと大変**です。特徴といえば、文頭や文末に来ることが多い、ということくらいでしょうか。

　副詞的用法なのか判断する場合、名詞的用法でも形容詞的用法でもないから副詞的用法だ、と**消去法で判断していく**ことになります。

　さて、例文に戻りましょう。to が２つあるのでちょっとあわててしまうかもしれませんが、冷静に見ていけば大丈夫ですよ。

　注目してほしいのは、to go to America の部分です。英文の中に**［to＋動詞の原形（不定詞）］の形が来たら、そこからカタマリがはじまる**のでしたね。

　to go to America でひとカタマリになっていますが、その直前に English という名詞があります。

　前項では、［名詞＋to＋動詞の原形（不定詞）］を見たら形容詞的用法を予想するとお伝えしました。ですが、to go America で English を修飾しようとしたらうまくつながりません。「アメリカに行く→ 英語」。ヘンですよね？

　この場合、English という名詞がひとつのヒントです。じつは、**English、Tom、Japan などの固有名詞や me、him、us のような単語（文法用語で「代名詞」といいます）にＭがくっつくことはほとんどありません**。このことも覚えておくと英文読解に役立ちます。

　ですから［名詞＋to＋動詞の原形（不定詞）］の形になっていても、この場合は形容詞的用法ではありません。ひとつひとつ訳して確かめなくても察しがつきます。

もっと早く
知りたかったよ〜

　では名詞的用法なのかというと……もしこれが名詞的用法であれば、名詞は〇になるので第４文型SVOOの可能性も疑えます。

He studies English to go to America.
S　　V　　　O　　　　　O?

ですが、次のような観点から、第4文型の形になっていないことがわかります。

①人、モノの順番になっていない。

②訳もおかしい。「英語にアメリカに行くことを勉強した」では意味が通らない。

形容詞的用法でも名詞的用法でもない。よって副詞的用法であると判断できます。

念のため、訳して確認してみましょう。副詞的用法の訳「〜するために」にあてはめると、「アメリカに行くために、彼は英語を勉強する」。うまくいきますね。

「アメリカに行くために」→「勉強する」と、to go to America のカタマリでひとつの副詞になって動詞を修飾しています。

He studies English (to go to America).
S　　V　　　O　　　　　M（=副詞）

彼はアメリカに行くために英語を勉強する。

ほかにも、副詞的用法の不定詞の使い方を紹介しましょう。

例 **We gave him a gift to celebrate his promotion.**

彼の昇進を祝うために、私たちは彼にプレゼントをした。

例 I called the restaurant to reserve a table.

席を予約するためにそのレストランに電話した。

　ちなみに不定詞の名詞的用法については、もっと簡単に確認する方法があります。**[to＋動詞の原形] の部分を it に置き換えてみる**のです。

　たとえば、I like to eat beef. という文であれば、to eat beef を it に置き換えると I like it になります。このように正しい英文が成り立てば、名詞の働きをしているということです。

　試しに冒頭の例文の to go to America を it に置き換えてみましょう。すると He studied English it. と英文が成り立たないので名詞的用法の可能性はないと判断できます。

　この確認方法は不定詞のように複数の可能性(名詞・形容詞・副詞)がある場合に役立ちます。また、後の項目で解説する -ing形や接続詞でも使うことができます。

　実際のところ、to go to America を瞬時に「アメリカに行くために」と訳せる人も多いと思います。

　ですがもっと長い文になればなるほど、ここで解説したような考え方で英文の構造を見分けることが絶対に必要になります。まずはこのような**短い英文で、構造を見分けた上で訳す**、という訓練と習慣づけをしていきましょう。

　訳すまでのプロセスを文章で表すと長い道のりのように思えますが、慣れてくるとこのような見極めを一瞬でできるようになるので安心してくださいね。

　単語の意味をつなぎ合わせた訳から脱却することがレベルアップの道です。頑張りましょう！

12 │ 第5文型の中にある不定詞は要注意!

不定詞④SVO＋to＋動詞の原形

パターン例文

The doctor advised him to lose some weight.

ここに注目!

•[SVO ＋ to ＋ 動詞の原形] の形は要注意

　不定詞が**SVO**の後ろに続いて補語**C**になるパターン、つまり第5文型の中で使われる**不定詞**について解説します。

　例文は次のような第5文型になっています。

The doctor advised him to lose some weight.

S　　　　 V　　　 O　　　 C

医者は彼に少しやせるようにアドバイスした。

じつは**第5文型の中に不定詞がある場合、それが第5文型であることにさえ気づけない**ことがよくあります。

例文はシンプルでわかりやすいかもしれませんが、これだとどうですか？

We expected the level of the water in the lake to go down.

この例文を文頭から順番に単語を拾って訳してしまうと、「私たちは / 予想した / その湖の水位を……あぁ、湖の水位がどれくらいか予想した、という意味かな？」、でもそのあとに to go down があり……軽くパニックになるはずです。

そして最終的に「私たちはその湖にそのレベルの水位があることを期待して下って行った」、などとおかしな訳をしてしまうことがよくあるのです（ちなみにこの英文の正しい訳は、「湖の水位が下がることを私たちは予測していた」です）。

ですから、このような英文に出会ったときに**①第5文型であると気づき、②英文の中の不定詞が第5文型のCになっている、と見極める**ことがとても重要です。

第5文型の中の不定詞は、次のような形をしています。まずはこの形をしっかり記憶してくださいね。

SVO＋to＋動詞の原形（＝C）

形から入ればいいね

・最大の特徴は「OがCする」の関係

では例文の訳を見ていきましょう。

まず、him to lose some weightの部分に注目してください。himがO、to lose some weightがひとカタマリでCになっています。文中の［to＋動詞の原形］を意識してくださいね。

ちなみにlose some weightで「やせる」という意味です。

第5文型にはOとCの間に「が」が挟まる関係、つまり「OがCだ」「OがCする」という関係があります。これはCが不定詞になっても同様で、him（O）to lose some weight（C）で「彼が少しやせる」という図式が成立しています。

くり返しになりますが、「が」が挟まるのが第5文型の最大の特徴です。「彼がやせる」ということを医者はアドバイスした、よって文全体の訳は「医者は彼に少し痩せるようにアドバイスした」となります。

［SVO＋to＋動詞の原形（＝C）］の文では、このように「SはOが〜するようにさせる→SはOに〜させる」という意味になることがとても多く、人に何かをさせると言いたい場合にこの形がよく使われます。

練習してみましょう。次の文も［SVO＋to＋動詞の原形（＝C）］になっています。どこがOで、どこがCでしょうか？　どういう意味になりますか？

He asked me to play the piano.

では、答えです。

He asked me to play the piano.
S   V   O   C

彼は私にピアノを弾くように頼んだ。

　ここも「OがCする」の部分に注目しながら訳すと「私（O）がピアノを弾く（C）」ですね。ask は「頼む」という意味ですから、直訳すると「彼は、私がピアノを弾くことを頼んだ」→「彼は私にピアノを弾くように頼んだ」となります。

> ピアノを弾くのは「彼」じゃなく、「私」なんだね

・SVO + to + 動詞の原形（=C）は動詞で見分ける

　SVO＋to＋動詞の原形（=C）の訳し方は解決しましたが、そもそもどうすればこのパターンに気づくことができるのでしょうか？

　先程述べたように、OとC（to＋動詞の原形）の間に「が」が挟めるかどうかもひとつの方法ではありますが、もっとおすすめなのが V（動詞）で見分ける方法です。

　第5文型をつくることのできる動詞は限られていて、中でも［SVO＋to＋動詞の原形（=C）］をつくることのできる動詞はさらに限られています。

　ですからVが出てきた時点で、「あ、この動詞は［SVO＋to＋動詞の原形（=C）］をつくれるから第5文型の可能性があるな」と気がつくことができます。

　［SVO＋to＋動詞の原形（=C）］という第5文型をつくることのできるおもな動詞を80ページにあげておきます。「OがVするように〈させる〉」とい

う意味をもつ動詞がほとんどです。

　一覧にある動詞は、こんなふうに役立ててください。英文を読んでいて、Sの次に一覧で紹介したVが出てきたとします。

> 1 ［SVO＋to＋動詞の原形（＝C）］の可能性を頭の片隅に置く
> 2 Oの次にto＋動詞の原形（不定詞）が来ていないかチェック

　一覧にある動詞は第3文型をつくることが多く、ほとんどはVのあとにOが来ますが、to＋動詞の原形（不定詞）が来ていたらその不定詞はCの可能性が高いので、

> 3 念のため「OがCだ」「OがCする」の関係になっているか確認する

　多くの人が正しく読めない第5文型の中の不定詞も、この方法で正確に理解できるようになるはずです。

だいぶわかってきた気がするよ

He asked me to help him で
「彼は私に助けるように頼んだ」と
いう言い方もよくしますよ

☑ SVO＋to＋動詞の原形（＝C）をつくる動詞一覧

advise ○ to V'（動詞の原形）	○にV'するよう勧める
require ○ to V'（動詞の原形）	○にV'するよう要求する
permit ○ to V'（動詞の原形）	○がV'するのを許す
encourage ○ to V'（動詞の原形）	○にV'するよう促す、励ます
tell ○ to V'（動詞の原形）	○にV'するよう言う
enable ○ to V'（動詞の原形）	○がV'することを可能にする
urge ○ to V'（動詞の原形）	○にV'するよう催促する、迫る
cause ○ to V'（動詞の原形）	○がV'する原因となる、○がV'するのを引き起こす

例 The rule requires us to show the ID card here.

その規則は私たちにここでIDカードを見せることを要求している。

→ 規則によれば私たちはここでIDカードを見せなければならない。

例 The Internet enabled us to work from home.

インターネットは私たちに家から仕事をすることを可能にした。

→ インターネットによって在宅勤務が可能になった。

英 語 を 読 む 力 が さ ら に ア ッ プ ！

● 動詞を見て文型を予測する方法

みなさんの中にも、第2文型、第4文型、第5文型が苦手という人はいませんか？ これらの3つの文型は多くの方が苦手

としています。なぜかというと、一読するだけでは何文型かが
わかりにくいため。とくに第５文型にはその傾向があります。

　第５文型SVOC（C＝不定詞）の文のいちばんよい見分け方は、
動詞が出てきた時点で予測することだ、とお伝えしました。
　この「動詞を見て、予測する」という読み方は、第２文型、第
４文型、第５文型の理解にもとても役立ちます。文の型は動詞
で決まるからです。
　たとえばgive（与える）という動詞なら、与える相手がいて、
与えるモノが必要です。［give＋人 モノ］と単語をつないで「人
にモノを与える」という第４文型をつくることが予想されます。
　このように、英語では「この動詞が来たら、後ろの形はこう
なる」という予測ができるので、動詞が文型を見極める手助け
をしてくれます。

　ただし、どの動詞がどの文型に使われるかを覚えておく必要
があります。
「すべての動詞がどの文型をつくるかなんて覚えられないよ！」
と思いましたよね？　大丈夫です！　誤読しやすい第２文型、
第４文型、第５文型をつくる動詞だけインプットしておけばよ
く、幸いにして、これらをつくる動詞の数は限られています。

　本書では第２、４、５文型を中心に、いくつかの文型に使われ
る動詞を「要注意動詞」と呼びます。202ページに要注意動詞
のリストを掲載したので、併せてご覧ください。

パターン例文

ここに注目!

To be rich, he must study hard.

・文頭の不定詞はカンマに注目

　例文のように文の頭に不定詞があり、カンマを挟んでSVがあれば、100％ 副詞的用法の不定詞です。副詞的用法なので、「～するために」と訳せばOK。 訳は「金持ちになるために」です。

　そもそも、カンマで区切られた語句や文がSVの前に来ていたら副詞、Mに なるのでしたね。これは不定詞に限らず副詞になります。

$$\underbrace{\cdots\cdots}_{\text{カンマで区切られた部分}}, SV \quad = \quad 副詞（M）$$

英文全体を見てみましょう。Mは飾りなので、（　）でくくります。

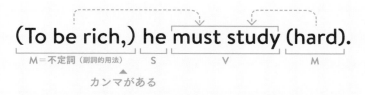

金持ちになるために、彼は一生懸命勉強しなくてはならない。

　助動詞must（〜しなければならない）がVにくっついていますが、［助動詞＋動詞の原形］はセットで使いますので、このひとカタマリでVとしてOKです。副詞hardが動詞を修飾していますね。
　文頭の不定詞「金持ちになるために」は、Vの「勉強しなくてはならない」にかかっているので、やはり副詞的用法で間違いありません。
　それなりに長い英文ですが、骨組みはシンプルなSV、れっきとした第1文型です。

•カンマがない場合は？

　次にこの英文を見てください。

To play tennis is fun.

　文頭は［to＋動詞の原形（不定詞）］の形をしていますが、先ほどの例文とは形が違います。その違いがわかりますか？
　そう、**カンマがありません**。
　このように**文頭にあって、カンマがない不定詞は、ひとカタマリで主語Sになっている可能性が高い**と考えてください。主語になれるのは名詞だけ。よって、この不定詞は名詞的用法です。

確かめてみましょう。不定詞のカタマリ、To play tennis の後ろを見ると SV ではなく is、つまり V が来ています。

動詞 is があるので、その前にある To play tennis の部分がひとカタマリで主語 S になっているのですね。名詞的用法の訳し方「〜すること」にあてはめて、訳します。

To play tennis is fun.
<u>　　　　　　　　　</u>　<u>　</u>　<u>　　</u>
　　　　　　S　　　　　　　V　　C
テニスをすることは楽しい。

本書で例文をひとつひとつひも解き、文法的な解説をくり返しているのは、**何文型かの判断を間違ってしまうと、意味を取り違えてしまうから**です。

英語は文型によって訳が決まるので、文型がわからないと訳がブレます。

ということで最後にまとめておきましょう。英文が［to＋動詞の原形（不定詞）］ではじまったら次の2通りの可能性があります。カンマのある、なしは大きな目安になります。

①［To〜, SV…］　➡ 副詞的用法「〜するために」と訳す
②［To〜V…］　　➡ 名詞的用法「〜することは」と訳す※

ただし、②のケースはあまり多くないので、不定詞で文がはじまったら、まず①を予想しながら読んでいくとよいでしょう。

※文頭にある不定詞には、稀にカンマがなくても副詞的用法になるものがあります。

───┤ パターン例文 ├───

ここに注目!

He enjoyed playing baseball.

・動名詞は名詞と同じ働きができる

続いては動詞に ing がついた形を学んでいきます。

この -ing形がやっかいなのは、**見た目がまったく同じ形なのに、英語の授業では動名詞、分詞構文、分詞の形容詞的用法などと別の言葉で習う**ことです。そのため、3つがごっちゃになってしまうのですね。

そこで本書では、個別の名前ではなく、働きに注目します。

-ing形には不定詞と同じように、**①名詞的用法**（これがいわゆる動名詞）、**②形容詞的用法**、**③副詞的用法**の3つの働きがある。これだけ理解してください。

不定詞の働きと似ていますよね？　同じように使い方によって文中での働きが変わり、Sになったり、CやOになったり、Mになったりします。

ちなみに、playingのように、動詞の-ing形を見ると進行形を思い浮かべる人が少なくないのですが、例文は進行形「〜しているところだ」ではありませんよ。**進行形は必ずbe動詞とセット**になっていますが、例文にはbe動詞がありません。形はよく似ていますが進行形ではないのです。

それでは例文を見ていきましょう。

先に答えを言ってしまうと、例文の-ing形は名詞の働きをしています。これがいわゆる「動名詞」。文字通り、動詞を名詞化したものです（以下先ほどの「名詞的用法」ではなく「動名詞」という呼び方で解説していきます。動名詞に限ってはそのほうがわかりやすいためです）。

-ing形の名詞的用法＝動名詞

動詞＋ing

dance（踊る）➡ dancing（踊ること）

sleep（眠る）➡ sleeping（眠ること）

動詞にingがくっつくと動名詞になることが多く、次のように訳します。

動名詞の訳し方

〜すること

なぜ動詞を名詞化する必要があるのか、少し解説しますね。

たとえばenjoy（楽しむ）は楽しむ相手となる○を必要とする動詞。lunch、movieのような名詞ならそのまま○の位置に置けます。

I enjoyed lunch.　私はランチを楽しんだ。

He enjoyed the movie.　彼は映画を楽しんだ。

では、例文のように「彼は野球をして楽しんだ」と言いたい場合はどうすればよいのでしょうか?

　He enjoyed baseball. だと、「彼は野球を楽しみました」になり、これだと観戦して楽しんだのか、自分がプレーして楽しんだのか、わかりません。

　「実際にプレーした」とはっきり表したいからといって、He enjoyed play baseball. にしたのでは、動詞が2つになってしまいます。SVVなんて文型はないので、これはマズイです!

　enjoyの後ろにおけるのは〇、名詞だけと決まっているので、ここに動詞は置けません。でも「プレーして楽しんだ」と言いたい。なんとかこの動詞を名詞化できないか?

　そこで動名詞の出番です。**動詞にingをつけて名詞化する**というわけです。

ingをつけて名詞化

He enjoyed playing baseball.
<u>He</u> <u>enjoyed</u> <u>playing baseball</u>.
S　　　V　　　　　　O

彼は野球をして楽しんだ。

　動名詞は名詞と同じように使えるので、〇の位置に -ing形が来ていたらそれは動名詞です。ちなみに名詞と同じようにSやCにもなれます。

例 <u>Watching his YouTube channel</u> is fun.

彼のYouTubeチャンネルを見ることは楽しい。
　→　Sになっている

例 His hobby is <u>growing bonsai</u>.

彼の趣味は盆栽を育てることだ。
　→　Cになっている

例 I recollected <u>making a promise to her.</u>

私は彼女にある約束をしたことを思い出した。

→　Ｏになっている

・進行形の ing とのひっかけ問題

一方、こちらの例文はどうでしょう。

His hobby is taking pictures of buildings.
進行形？　それとも…

take picture of 〜で「〜の写真を撮る」という言い方をよくしますから、taking〜buildings でひとつのカタマリと考えます。

　-ing形のカタマリがbe動詞のすぐ後ろに来ているので進行形のようにも思えますが、そうすると「彼の趣味は建物の写真を撮っているところです」となり、意味不明です。

　動名詞「〜すること」で訳すとどうでしょうか？　「彼の趣味は建物の写真を撮ることです」となり、うまくいきます。ここは、**taking pictures of buildings が動名詞で、Ｃになっているのです。**

His hobby is taking pictures of buildings.
S　　　　　V　　　　　　　　　　C

　このようにbe動詞の後ろに -ing形が来ていたらまずは進行形を疑いますが、訳してみてうまくいかなかったら動名詞を疑いましょう。

┤ パターン例文 ├

This book has some information about studying abroad.

ここに注目!

● 前置詞の後ろの -ing形は動名詞！

例文はabout の後ろに study の -ing形、studying が来ています。

about の後ろに Japan とか、soccer などが来ていたら、「日本について」「サッカーに関して」とすぐに訳せます。

でも後ろに studying abroad という -ing形が続くと一瞬固まりませんか？ちなみに、study abroad は「留学する」という意味です。

英文では前置詞の後ろに動名詞がくっついた **[前置詞＋-ing形（動名詞）] が M となり、形容詞か副詞のどちらかになります**。「〜すること」という訳は変わりませんが、文中での働きが変わるので注意しましょう。

前置詞の後ろには基本的には名詞しか置けません。ここに -ing形が来ていたら名詞化した動詞＝動名詞なので、同じように「〜すること」と訳します。

　英文の中にこのような-ing形を見つけたら、ここからカタマリがはじまる、と意識してください。例文ではaboutの後ろにstudying abroadがあり、ここが動名詞。ひとカタマリで「留学すること」になります。

　もしかして楽勝でしたか？　ではこれはどうでしょう？

例 The food is effective in preventing cancer.

　その食品はガンを防ぐことにおいて効果的だ。

　→ その食品はがん予防に効果的だ。

語注：effective 効果的　prevent 防ぐ

例 She turned pale on hearing the news.

　そのニュースを耳にすること　すると彼女は青ざめた。

　→ そのニュースを聞いた途端彼女は青ざめた。

語注：turn pale 青ざめる

※ on には「〜と同時に」、「〜するとすぐ」、「〜すると」の意味がある。

inとかonって何なの？　こういうイレギュラーがあるとあわてちゃうよ

effective in〜で「〜に効力がある」という熟語になっているんです。イディオムと言ったりもするんだけど、こういう場合はinやonなどがくっついたりします

　[前置詞＋-ing形（動名詞）]は、見た目がとてもシンプルなのに、訳すときに意外ととまどってしまう表現が少なくありません。なので、形をしっかり理解しておく必要があります。

［前置詞＋-ing形（動名詞）］はＭと考えて（　）でくくりましょう。前述したように、形容詞か副詞のどちらかになるからです。

　例文ではabout studying abroadが直前のsome informationを修飾する形容詞（M）になっています。

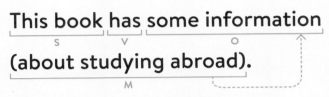

この本には留学することに関する情報が載っている。

英 語 を 読 む 力 が さ ら に ア ッ プ ！

● 不定詞の名詞的用法と動名詞の違いとは？

　動名詞と不定詞の名詞的用法には、ともに名詞のような使い方ができるという共通点があります。基本的な使い方はよく似ていますが、少しだけ使い方やニュアンスに違いがあるので紹介しておきましょう。

　使い方には次のような原則があります。

1 前置詞の後ろには動名詞しか置けない

　前置詞の後ろに置くパターンでは動名詞しか使いません。たとえばabout to studyのように、前置詞の後ろに不定詞を置いてしまうと、前置詞が2つ続いているようで違和感がありますよね。前置詞の後ろに置けるのは動名詞の-ing形だけです。

2 セットで使われる動詞が異なる

　動名詞はenjoyのような動詞の後ろに置いて〇になれましたが、不定詞はなれません。

　一方、不定詞はwantやdecideの後ろに置いて〇として使えますが、動名詞は使えません。このように、それぞれセットで使う動詞が異なります。

不定詞とセットで使う動詞

want to-（〜したい）　　　**prepare** to -（〜する準備をする）

decide to-（〜することを決める）　**plan** to -（〜することを計画する）

offer to-（〜することを申し出る）

promise to-（〜することを約束する）

動名詞とセットで使う動詞

enjoy -ing（〜するのを楽しむ）　**finish** -ing（〜するのを終える）

avoid -ing（〜するのを避ける）

どちらも使える動詞

like to/-ing（〜するのが好き）

begin/start to/-ing（〜しはじめる）

● 不定詞は未来、動名詞は現在に向いている

　これらの動詞を見て、ある共通点に気づきませんか？

　不定詞を使う表現は、これからやることを表す表現になっています。「〜したい」、「〜する準備をする」、「〜することを計画する」。すべて、これからすることですね。

　一方、動名詞は過去にしたことや現在していることに気持ち

が向いています。たしかに「〜するのを楽しむ」、「〜するのを終える」などは、今していることをやめる、楽しんでいる、という表現ですね。

　実際のところは、これがあてはまらない例もありますし、どちらでも意味が変わらない場合もあります。ネイティブに言わせると両者に実際そこまで大きな違いは感じないようです。

　ですが、この傾向を押さえておけば、少なくとも一緒に使う動詞を覚えやすくなるはずで、これらの表現を覚えておくことが読解にも役立つことは間違いありません。

─┤ パターン例文 ├─

ここに注目！

He is the boy eating curry rice.

•［名詞 ＋ -ing形］が基本の形

続いては、形容詞の働きをする -ing形を見ていきましょう。

今回の例文は the boy eating curry rice の部分が重要です。eat curry rice「カレーライスを食べる」の eat に ing がついて、eating curry rice でひとカタマリ。the boy を修飾しています。

the boy は名詞ですから、この eating curry rice の部分は形容詞として働いていることがわかります。

the boy eating curry rice

カレーライスを食べている → 少年

前項では動詞にingがついて名詞になる動名詞について解説しましたが、今回は、**動詞にingがついて形容詞**になります。

　英語の授業では、これを「現在分詞」と習いますが、名称で理解する必要はありません。名称よりも、-ing形が形容詞として働く場合があると理解することが重要です。

見た目が同じなのに、名前が違うから混乱してた〜

すべてまとめて「-ing形」ととらえたほうがわかりやすいですよね

　動詞の-ing形が名詞か形容詞か、ラクに見分ける方法があります。それは、-ing形の前に名詞があるかどうかです。

> **-ing形の形容詞的用法**
>
> # 名詞＋-ing形

　この形を見たら、この-ing形は形容詞Mの働きをしている可能性が高いです。

　名詞the boyの後ろにあるeating〜を（ ）でくくりましょう。そうすると残った文はすごくシンプルですね。

He is the boy (eating curry rice).
S　V　　C　　　　　M

-ing形が形容詞として働いている場合、次のように訳します。

-ing形（形容詞的用法）の訳し方

～する、～している

よって、eating curry rice で「カレーライスを食べている」、これが直前にある the boy にかかっています。

He is the boy (eating curry rice.)
彼はカレーライスを食べている少年です。

「噂の彼はどの人?」「ああ、あのカレーライスを食べている少年だよ」というような場面だね

●-ing形が名詞の前につく場合もある

次に形容詞の働きをする -ing形の位置に注目してみましょう。じつは名詞の後ろに来ない場合があるのです。

次の英文を見てください。

The running boy is Ken. 走っている少年はケンだ。

この英文では -ing形、つまり running は名詞 boy の前について、「走っている少年」となっています。

名詞の「前」につく場合と「後ろ」につく場合で、どのような違いがある

のでしょうか？　この違いは -ing形の「長さ」にあります。

　7項で、形容詞が短い場合（1語）は前から名詞を修飾し、長い場合（2語以上）は後ろから名詞を修飾するとお伝えしたのを覚えていますか？

　この原則は形容詞化した -ing形にもあてはまります。**1語なら名詞の前につき、eating curry rice のように2語以上になっている場合は名詞の後ろにくっつく**のが基本です。

> **1語の場合**　　running（走っている）
>
> the running boy　走っている少年　➡ 前につく
>
> **2語以上の場合**　running over there（向こうで走っている）
>
> the boy running over there　向こうで走っている少年　➡ 後ろにつく

> **1語の場合**　　sleeping（眠っている）
>
> the sleeping baby　眠っている赤ちゃん　➡ 前につく
>
> **2語以上の場合**　sleeping in the bed（ベッドで眠っている）
>
> the baby sleeping in the bed　ベッドで眠っている赤ちゃん　➡ 後ろにつく

　形容詞の働きをする -ing形が名詞の前につく場合は形容詞の場合と同じように、形容詞と名詞でひとカタマリと考えましょう。

●主語にくっつく -ing形のひっかけ問題

　意味の取り違えが多い英文パターンも紹介しておきます。

The boy talking with Mary is my brother.

　この文のSはthe boyですが、Vはtalkingではありません。Vだとすると、そのあとにisがあるのでVが2つになってしまいます。

　動詞の-ing形は単独でVにはなれない。これは重要なポイントです。[be動詞＋-ing形]のセットで進行形となり、はじめて文のVになれます。

　例文は[名詞＋-ing形]の形をしているので、talking with Maryの部分は、ひとカタマリのMととらえる必要があります。

　talk with 人は「人と話す」という意味です。Mを（　）でくくると、SとVの間にMが入り込んでいることがわかります。

The boy (talking with Mary) is my brother.

S　　　　　　M　　　　　　　　　V

C

メアリーと話している少年は私の兄です。

　英文ではSのあとにはVが続くのが一般的ですが、Sのあとに、Mを挟んでVが来るパターンがあるので注意が必要です。

　とても重要なことなので以下にまとめておきましょう。

・Sのあとに-ing形が来ている

・[be動詞＋-ing形]になっていない

➡ このようなときの-ing形は形容詞の働きをするM。このカタマリのあとにVが来る。

● 不定詞と-ing形の形容詞的用法の違い

　名詞的用法の-ing形（動名詞）と不定詞と同じように、形容詞的用法の-ing形と不定詞の働きにも違いがあります。名詞を修飾するという働きは同じですが、意味やニュアンスが異なります。

> to＋動詞の原形（不定詞）　➡　〜する、〜するべき、〜するための
> 動詞の-ing形（現在分詞）　➡　〜する、〜している

　不定詞は未来に気持ちが向いていて、現在分詞は現在に気持ちが向いています。たとえば、次の例を見てください。

his desire to be rich　金持ちになりたいという彼の願望

　現在はまだ金持ちではないけれど、将来金持ちになりたい、と未来に気持ちが向いています。一方、以下の例はいま食べている「最中」であり、現在起こっていることを表しているのですね。

the boy eating curry rice　カレーライスを食べている少年

　このニュアンスの違いは91ページで紹介した不定詞の名詞的用法と動詞の-ing形（動名詞）のイメージの違いとよく似ていると思いませんか？　さまざまな表現において、もともとの形が持つイメージが引き継がれることがよくわかります。

─┤ パターン例文 ├─

ここに注目!

A man **called** Mr. Kimura called you just now.

・動詞に ed がついたらどう読むか

この項では動詞にedがついた過去形以外の形について学んでいきましょう。この**動詞の -ed形は動詞の過去形（-ed）と見た目が同じ、もしくは似ているため、英文を読むときに混乱する原因になりがち**です。

・見た目が同じ動詞の過去形との見分け方
・文中でどういう働きになるのか

この2つの観点から見ていきます。

例文にはcalledという単語が2つありますが、それぞれ役割が違います。注目してほしいのは、ひとつめのcalledです。

少していねいに例文を見ていきましょう。A manがSというのはわかりますか？ Sの次にVが来るはずなので、calledをVと考えがちです。

　そうすると、Mr. Kimuraが電話する相手、Oになりそうですが、その後ろにまたcalledが来ています。これだと、**SVOVとVが2つになり訳に行き詰まってしまいます。**

A man called Mr. Kimura called you just now.

S　　　　V?　　　　O?　　　　V?

※アメリカ英語では、ひとつめのcalledはnamedのほうが自然。

　ひとつめのcalledがVだと成り立たないので、このcalledは動詞の過去形ではないことがわかります。

　ではひとつめのcalledは何かというと、これが今回のテーマである「過去分詞」です。-ed形が動詞の過去形でないなら、それは過去分詞なのです。

動詞のed形

call（動詞）⇒ **called**（過去分詞）

help（動詞）⇒ **helped**（過去分詞）

　形は動詞の過去形と同じ、もしくは似ていますが（もちろんsee → seenのように不規則動詞もあります）**形容詞か副詞の働きをします。** 訳も働きも全然違うので、まとめておきましょう。

動詞の過去形	-edなど	Vになる	「〜した」
過去分詞	-edなど	Mになる	「〜される、された」
		（形容詞か副詞）	

になるにせよ、副詞になるにせよ、M、つまり飾りになるのです。

　例文に戻りましょう。文中に過去分詞-ed形が来たら、そこからカタマリがはじまります。過去分詞は次のように訳します。

過去分詞の訳し方

〜される、〜された

called Mr. Kimura で「木村さんと呼ばれる」ですね。
　このひとカタマリが直前の名詞man を後ろから修飾する形容詞の働きをしており、「木村さんと呼ばれる」→「男性」、「木村さんと呼ばれる男性があなたに電話してきた」という意味になります。
　ちなみに just now は「ちょうど今」という副詞。「ちょうど今」→「電話してきた」と動詞にかかっていますね。これも M です。

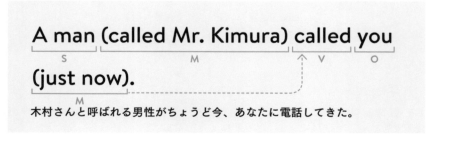

木村さんと呼ばれる男性がちょうど今、あなたに電話してきた。

・過去分詞と動詞の過去形の見分け方

　そもそも、過去分詞と動詞の過去形はどのように見分けるとよいのでしょうか?

　基本的に［名詞＋-ed形］という形を見たら「過去分詞が形容詞か副詞の働きをしているのかも」と考えるとよいのですが、ここで問題があります。

　例文のように、Sに過去分詞がくっついた場合、［S（名詞）＋-ed形］の形になるので、［S＋動詞の過去形］と見分けがつかなくなってしまうのです。

　英文を見てSの次に -ed形が来ていた場合、可能性の高いほうからあたりをつけて読んでいき、それでうまく行けばそのまま読み進めていき、うまく行かなければほかの可能性をあたることになります。

　今回の例文も、まずはひとつめのcalledをV、動詞の過去形だと考えました。Sの後ろの -ed形はたいてい動詞の過去形だからです。

　しかし、そのあとにもうひとつcalledが出てきてうまくいかないので、「じゃあ過去分詞だな」と切り替えました。

　もうひとつの方法として、過去分詞が形容詞として働いているかを判断する方法もあります。［名詞＋-ed形］の「名詞」の部分を、-ed形を原形に戻した動詞の後ろに置いてみてください。そのとき、きちんと意味の通る文になれば、その -ed形は形容詞、過去分詞だとわかります。

　例文で試してみましょう。

1番目の called

A man called Mr. Kimura

　　　　　　　後ろにもってくる
➡ call a man Mr. Kimura

「男性を木村さんと呼ぶ」という訳になり意味が通じる。
➡ 形容詞として働いている。※call O C「OをCと呼ぶ」の形。

Mr. Kimura called you just now.

後ろにもってくる

➡ call Mr. Kimura you just now.

「木村さんをあなたと電話する」という訳になり、内容的におかしい！

➡ 動詞の過去形と判断。

「あなた、今すぐ木村さんに電話して！」でもないもんね…

　ちなみに -ed形（過去分詞）は形容詞か副詞になり、Mになるとお伝えしましたが、be動詞やhaveとセットになると話は別です。以下のように受け身や完了形の文をつくり、Vになります。

[be＋-ed形（過去分詞）] で受け身の文をつくる。

例 Many accidents are caused by drunk driving.

　多くの事故が飲酒運転によって引き起こされている。

[have＋-ed形（過去分詞）] で完了形の文をつくる。

例 I have lived in Paris for three years.

　私はパリに3年住んでいる。

➡ いずれの場合もVとして働く。

　ただしこれらはいずれも、beやhaveとセットになるので見分けやすいですね。

┤ パターン例文 ├

ここに注目!

Living alone, he sometimes felt lonely.

• カンマのついた文頭のカタマリはいつも M

　-ing形、-ed形には**副詞としても働き、Mになるという共通点があります。**

　副詞は自由度が高く、文頭、文中、文末……といろいろな場所に来るので、それぞれの見分け方を理解しておきましょう。

　まず、例文のような文頭にある場合です。living alone（一人で暮らしている）というカタマリにはカンマがありますよね。

　このように、**カンマのついた文頭のカタマリは副詞、M。**次のように訳します。

～して

よって、Living alone, は「一人で住んでいて、」と訳せばいいですね。

Living alone, を（　）でくくると次のような構造になっていることがわかります。ちなみにsometimes も頻度を表す副詞、Mなのでくくりましょう。このとき he（S）＝lonely（C）が成り立つので、第2文型です。

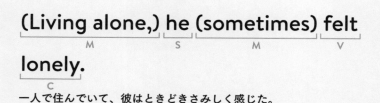

(Living alone,) he (sometimes) felt
　　　M　　　 S　　　 M　　　 V
lonely.
　C

一人で住んでいて、彼はときどきさみしく感じた。

lonelyはlyがついているけど形容詞。だからCになれるんです。これはlyで終わっているのに副詞ではない数少ない単語のひとつです。気をつけましょう

-ed形でも同じです。次の英文を見てください。

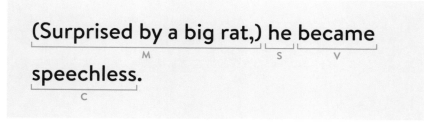

(Surprised by a big rat,) he became
　　　　　M　　　　　　 S　　 V
speechless.
　　C

同じようにカンマのついた文頭のカタマリ、-ed形（過去分詞）が入った Surprised by a big rat がM（副詞）になっています。

　重要なことなので何度もお伝えしますが、**カンマを見たら反応しましょう。**
［…, SV］という文の…部分（カンマのついた文頭のカタマリ）＝M、つまり副詞です。

　-ed形（過去分詞）がカタマリでM（副詞）になっている場合、訳は受け身の意味になります。Surprised by a big rat, の訳は「大きなねずみに驚かされて」です。

文頭の-ed形がカタマリでM（副詞）になる場合の訳し方

～されて

　最後のspeechlessで例文の文型は一目瞭然！　じつは-lessがついている単語はほとんどが形容詞なのです。そのうえ、becomeは第2文型で使われる動詞なので第2文型SVCだとわかります。S＝C、「彼（S）＝言葉を失った状態（C）」が成り立ちますね。

Surprised by a big rat, he became
　　　　　　　　M　　　　　　　　　　　　S　　　　V
speechless.
　　　　C
大きなネズミに驚かされて、彼は言葉を失った。

• カンマのカタマリが文中に挟まれたら

　-ing形や-ed形ののカタマリが文中にあってもあわてる必要はありません。考え方は同じです。**カンマで区切られたカタマリはM**（副詞）、（　）でくくり

ましょう。

　以下の例文でも文の主要素であるSとVがハッキリ浮かびあがりますね。

The dog(, seeing him,) chased him.
　S　　　　　M　　　　　V　　　　O
その犬は、彼を見て、追いかけた。

The book(, written in simple English,)
　S　　　　　　　　M
is easy.　　※written は wright の -ed 形
V　C
簡単な英語で書かれていて、この本は読むのが簡単だ。

　副詞として働く場合の -ing 形は「〜して」、-ed 形は「〜されて」が訳の基本というのはお伝えしたとおりです。文頭、文末、文中……といろいろな場所に来ることがありますが、Mとわかれば無視できます！

• 文末に -ing 形、-ed 形の副詞のカタマリが来る場合

　ここまで紹介した文の形はカンマがヒントになっていたので、あまり読み間違うことはないでしょう。最後に、カンマがなく、文末に副詞のカタマリが来る例も紹介します。

We left there at four arriving in
　S　V　　M　　　M　　　　M
Paris at eight.

私たちはそこを4時に出発した。そしてパリに8時についた。

arrive in Paris at eight（8時にパリにつく）の arrive に ing がついて、arriving 〜eight でひとカタマリになっています。このカタマリもやはり副詞です。

この英文での left は「出発する」という意味の自動詞で、後ろに〇は来ません。よって arriving〜eight のカタマリは名詞ではないことがわかります。

また、「8時にパリに着く4時」は明らかにおかしいですから、直前の four にかかる形容詞の可能性はなく、名詞でも形容詞でもないので副詞です。

文末に -ing形の副詞的用法が来たら、次のように訳します。

文末に -ing形の副詞のカタマリが来る場合の訳し方

そして〜した、〜しながら

よって、「私たちはそこを4時に出発した。そしてパリに8時についた」です。

文末に -ed形の副詞用法が来るパターンも紹介しておきましょう。

The president appeared before the
S   V   M

crowd accompanied by security guards.
M

大統領はセキュリティガードに付き添われて人々の前に現れた。

文末に accompanied と -ed形がありますよね。この場合は次のように訳します。

文末に -ed形の副詞のカタマリが来る場合の訳し方

そして〜された、〜されながら

● 文頭の -ing 形はここに注意!

　文頭に -ing形が来ていて、カンマがない場合は注意が必要です。副詞Mではなく、主語Sになっている可能性が高いからです。もし、**-ing形のカタマリのすぐあとにVが続いていたら、主語で間違いなし。**

　この形、どこかで見たことがありませんか？　そう、動名詞です。動名詞が主語になっている形なのです。

　Mなのか、Sなのかによって訳が変わるのでここはしっかり見極めましょう。

-ing形がS（主語）になっている場合 ➡ 動詞の-ing形＋V

例 Studying really hard is the key to success.

一生懸命勉強することが成功へのカギだ。

studyingのカタマリのあとにすぐis（V）が続いていて、カンマなし

➡ 動名詞「〜すること」

-ing形がM（副詞）になっている場合 ➡ 動詞の-ing形, SV

例 Studying really hard, you will pass the exam.

一生懸命勉強して、試験に受かるだろう。

studyingのカタマリのあとにカンマ＋you（S）will pass（V）

➡ -ing形の副詞的用法「〜して」

　この見極めポイントはカンマがあるかどうか、また、-ing形のカタマリのあとにどんな形が続いているかです。

19 | 第5文型の中にある -ing形/-ed形の攻略法

SVO+-ing形/-ed形

┤ パターン例文 ├

He got his food delivered.

ここに注目!

・第5文型の-ed形はどう訳す?

以前、第5文型の中に不定詞がある場合、それが第5文型であることにさえ気づけないことがよくあるという話をしました。じつは-ing形や-ed形も同様です。ここでしっかり第5文型の中の-ing形や-ed形を理解しておきましょう。

例文の文末、his food delivered に注目してください。[名詞+-ed形] の形をしていますね。

第5文型の中の-ing形、-ed形は、次のように、SVOCのCの位置に置かれ、まずはこの形をしっかり覚えておきましょう。

SVO＋-ing形／-ed形（＝C）

his food deliverd は［名詞＋-ed形］の形をしているので一見、形容詞の働きをしている -ed形の形容詞用法と考えて、「配達された彼の食べ物」と訳しがち。ですが、形容詞の働きはしていません。

この文を正確にとらえると、his food が〇、delivered はCにあたります。この場合、「食べ物」が「届けられる」という〇とCの間に「が」が挟まる関係が成り立っていて、第5文型の条件を満たしているのです。

He got his food delivered.
S　　V　　　　O　　　　　　C
彼は食べ物が届けられるようにした。

形容詞と考えて「彼は配達された食べ物を手に入れた」と訳すのと、第5文型を意識して「食べ物が届けられるようにした」→「注文して届けさせた」と訳すのでは、少しニュアンスが違うと思いませんか？

第5文型 SVOC のCの部分に -ing形が来るパターンも見てみましょう。

I saw a dog chasing a cat.
S　V　　O　　　　　C
私は犬が猫を追いかけているのを見ました。

これも第5文型を意識して訳します。〇とCの間に「が」を挟むと、「犬が猫を追いかけている」が成り立っているので、英文全体は「私は犬が猫を追いかけているのを見ました」と訳せます。

-ing形の形容詞的用法と考えて「猫を追いかけている犬を見ました」と訳しても誤訳ではありませんが、やはりちょっとニュアンスが異なります。

このような短い文であればニュアンスの違いですみますが、長い英文になってくると、少しの違いで意味を大きく取り違うことがあります。

● SVO -ing形／-ed形 （＝C） の形も動詞から予想できる

冒頭の He got his food delivered. の例文を第5文型だと判断するポイントは、get という動詞です。get のおもな意味には、①受け取る、②得る、③してもらう……などがありますが、第5文型で使う場合は③の意味になることがほとんどです。

このように、やはり［SVO＋-ing形 / -ed形（＝C）］をつくることのできる動詞というのがあり、その数は限られているので、覚えておくと英文読解に役立ちます。文中にこのような動詞が出てきて、［SVO＋-ing形 / -ed形］になっていたら、第5文型の訳にあてはめて読んでみてください。

☑ SVO + -ing形をつくる動詞

have ○ -ing	○に〜させる
not like ○ -ing	○が〜するのが好きではない
not want ○ -ing	○に〜してほしくない
get ○ -ing	○を〜させる
see/hear/feel ○ -ing	○が-しているのを見る/聞く/感じる

☑ SVO + -ed形をつくる動詞

make ○ -ed	○が〜されるようにする
get ○ -ed	○が〜されるようにする、してもらう

have ○ -ed	○が〜されるようにする、してもらう
like ○ -ed	○が〜されるようにしてほしい
want ○ -ed	○が〜されるようにしてほしい
leave ○ -ed	○が〜されるままにしておく
keep ○ -ed	○が〜される状態にしておく
need ○ -ed	○を〜してもらう必要がある
see/hear/feel ○ -ed	○が〜されるのを見る/聞く/感じる

まとめると、以下のとおりです。

- 第5文型のCに-ing形 / -ed形（分詞）が来ることがある。
- -ing形の場合は「OがCしている〜」、
  -ed形の場合は「OがCされている〜」という訳になる。
- 上の表にある動詞を覚えておいて、出てきたらSVO＋-ing形 /
  -ed形（＝C）を予測する。Oの次に-ing形 / -ed形が来ていたら
  「OがC」の関係を確認し、意味が通ればCに確定。

　ここまでMを見極めるための重要品詞と、文中でどういう位置に置かれる
かによって迷いやすい文法事項について整理しました。ここまでの内容をマ
スターすることでMの見極めがかなりやりやすくなるはずです。

　次の章ではもう一歩踏み込んで、英文をより長く、複雑に見せている関係
詞や接続詞のthatなどを見ていきます。

次の英文を訳してみましょう。

問 題

❶ The company encouraged some influencers to make comments about its products.

語注：encourage 促す、influencer インフルエンサー、make comments about〜 〜について話す、products 製品

❷ He heard one of the men talking about the news.

語注：one of the men その男たちの一人

❸ The topics to be discussed today are on the agenda.

語注：agenda アジェンダ

❹ The two countries signed a deal to reduce tariffs on imports.

語注：deal 契約、reduce 減らす、tariffs 関税、imports 輸入品

❺ The substances used for producing these products come entirely from natural sources.

語注：substance 物質・材料、entirely 完全に、natural sources 天然の物質

❻ Platypuses quietly submerge, propelling themselves by using their front feet.

語注：platypuses カモノハシ、submerge（水に）潜る、propel 前進させる・推進させる、themselves 自分たち

---

❶ その会社はインフルエンサーたちに製品について話すよう促した。

The company encouraged some influencers to make comments
　　　　S　　　　　　V　　　　　　　O　　　　　　　　　　C
(about its products.)
　　　　　M

　encourage（促す）の後ろには、何を？　誰に？　といった相手が必要。よって some influencers が O ですが、encourage は要注意動詞なので、第5文型SV（encourage）OC（＝to＋動詞の原形）になる可能性に気づけたかがポイント。

　some influencers（O）の後ろに、to make comments（to＋動詞の原形）が続いているので、第5文型の確認方法から、OC（＝to＋動詞の原形）の間に「が」を挟んでみます。すると「インフルエンサーたち」が「コメントする」と成り立っているので、to make comments は C に確定。about its products は直前の make comments にかかる M ですね。

---

❷ 彼はその男たちの一人がそのニュースについて話しているのを聞いた。

He heard one of the men talking about the news.
　S　　V　　　　O　　　　　　　　　C

　hear（聞く、例文はheard）が出てきた時点で、要注意動詞だと気づけるかどうかがポイント。第5文型をつくり、SVOCになる可能性を頭に置いておきます。

　hear（V）の相手がone of the men（O）、その後ろに-ing形があるので予測していたSVOC（＝-ing形）と考え、OとC（＝to＋動詞の原形）の間に「が」を挟んで確認。「その男たちの一人が話している」が成り立つので、talking about the news がひとカタマリでCだと確定します。

❸ 本日話し合われるべきトピックはアジェンダに載っている。

The topics (to be discussed today) are (on the agenda).
　　　S　　　　　　　M　　　　　　　V　　　　M

　the topics が S。そのあとに V ではなく [to ＋動詞の原形（to be discussed）] が続いているのがポイント。[名詞＋to＋動詞の原形] の形で不定詞の形容詞的用法だとわかります。to be discussed today（M）が the topics（名詞）にかかって「本日話し合われるべきトピック」。その後ろの are は V。

　be 動詞は第 2 文型 SVC の形をつくることが多いですが、are の後ろの on the agenda は［前置詞＋名詞］で M。第 1 文型になるので、be 動詞「ある、いる」と訳します。

---

❹ 2 カ国は輸入品への関税を引き下げる契約にサインした。

The two countries signed a deal (to reduce tariffs on imports).
　　　　S　　　　　　V　　O　　　　　　　M

　The two countries signed が SV、sign（サインする）の相手にあたるのが a deal（O）です。

　ポイントは a deal の後ろ。to reduce tariffs on imports というひとカタマリが a deal（名詞）にかかり、[名詞＋to＋動詞の原形] の形で形容詞的用法になっています。輸入品への関税を減らす（ための）契約。

　上の説明のように to reduce tariffs on imports でひとカタマリの M としてもいいし、on imports（M）が前の to reduce traffs（M）の一部である tariffs にかかっていると考えても OK です。

❺　これらの製品を作るのに使われている材料は、100％天然物質由来だ。

The substances (used for producing these products) come
　　S　　　　　　　　　　　　　　　　　　　　　　　　　　　　　M　　　　　　　　　V
(entirely) (from natural sources).
　M　　　　　　M

　The substances usedがSVではありません。for producing these products
をMと判断して（　）でくくると、その後ろにもうひとつのV（come）が来るか
らです。usedが動詞の過去形ではないなら -ed形（過去分詞）、The substances
used for producing these productsが［名詞＋-ed形］の形になっていて、
「これらの製品を作るために使われている」→「材料」という意味。そのあと
に続くcomeがV。

　ちなみに前置詞forには名詞がくっつくので、producingは動名詞です。

　entirelyは -lyがつく副詞なのでM。come fromでひとカタマリのVとと
らえてもいいし（entirelyが挟まれた形）、from natural sourcesがMで「天然
の物質から」→「来る（由来）」とcomeにかかるととらえてもOKです。

❻　カモノハシは前足を使って推進しながら、静かに水中に潜る。

Platypuses (quietly) submerge, (propelling themselves by using
　　S　　　　　M　　　　　V　　　　　　　　　　　　　　　　　　M
their front feet).

　Platypuses quietly submerge,と文頭がカンマで区切られていますが副詞で
ないことに注意。submergeは「水中に潜る」という動詞。よってPlatypuses
がS、quietly（M）を挟んでsubmergeがVです。

　カンマで区切られた -ing形は副詞と予想し、「〜しながら」と訳しましょ
う。よって「前足を使うことによって自分を前進させながら」になります。

3

文がまるごと修飾語？
長〜いMはこう読み解く

Part 2では、不定詞や動名詞などの文を例に、語句のカタマリが文の中でS、V、O、C、Mのどの役割になるかについて確認しました。でも、じつは語句だけでなく、文が丸ごとカタマリになるケースもあります。関係詞やthatなどです。この章では、どこからどこまでが1つのカタマリなのかを理解し、さらに文の骨組みをとらえる力を身につけます。

「カタマリ」という考え方を深掘りする

　Part 2では、[to＋動詞の原形] や-ing形、-ed形などをカタマリとしてとらえてきましたが、Part 3からはさらにカタマリが長くなっていきます。

　英語の授業で関係詞や接続詞といった言葉を聞いたことがあると思います。これらの特徴は、ある単語に**ひとつの文がくっついて長いカタマリになること**です。

　本章をはじめる前に、「長いカタマリ」についてイメージしてみましょう。thatという接続詞を例に解説します。まずは次の例文を見てください。

> **I know him.**　私は彼を知っている。
> 　S　　V　　O

　know（知っている）の後ろに相手にあたるOが必要で、名詞しか置けないというのはこれまで解説してきたとおりです。

　このhimの部分に、次のような文を入れたい場合もあります。

He studied English in the library yesterday.
彼は昨日図書館で英語を勉強した。

　このように**文を置きたい場合に、接続詞that**を使います。

He studied English in the library yesterday. という文に that をくっつけると、that から yesterday までがまるごとひとつの長い名詞になり、〇の位置に置くことができます。

文がまるごと長いカタマリ、〇になる！

I know that he studied English in the library yesterday.

S　V　　　　　O

私は彼が昨日図書館で英語を勉強したことを知っている。

　Part 2 では、[to ＋動詞の原形] や -ing形、-ed形などをカタマリとしてとらえれば名詞・形容詞・副詞のどれかとして働いていることを見てきました。このことは、じつは関係詞や接続詞にもあてはまります。

　名詞化した文、つまり長いカタマリは〇のほかにも、Sになったり Cになることもあります。Mだけでなく、文の骨組みであるSや〇やC自体が長くなることがあるので、文はどんどん長くなっていくのです。

　ですが、**どんなに英文が長くなっても、基本の読み方は変わりません。**
　①Mを見分けて（　）でくくり、②文の骨組みをとらえ、③Mがどこを修飾しているのかを見極める、これで大丈夫です！

　とくに長いカタマリが名詞、形容詞、副詞のどれなのかが見分けられれば、長い文でも文の構造がおもしろいようにわかりますよ。
　Part 3 では［関係詞＋文］や［接続詞＋文］の長いカタマリがある文の読み方を練習していきましょう。

パターン例文

Do you know the woman who is speaking to Ken?

ここに注目!

・関係詞は文を丸ごと形容詞にする

関係詞は苦手としている人が多い文法事項のひとつではないでしょうか。なぜ関係詞※の文が複雑に見えるかというと、**文の骨組みに長〜いMがくっついているから**です。

ということは、このMを見極めて（　）でくくることができれば、関係詞の文もグンと読みやすくなるというわけです。

ここからは関係詞とはそもそもどんなものであったかを振り返りつつ、関係詞の文の読み方を確認していきましょう。

例文の the woman の後ろにある who の部分に注目してください。この who には「誰」という意味はありません。そう、この who が「関係詞」と呼ばれる

※関係代名詞、関係副詞などさまざまな関係詞がありますが、本書ではまとめて「関係詞」と呼びます。

ものです。関係詞には**名詞に文をくっつけて詳しく説明する働き**があります。

　では、なぜ関係詞を含む文がなぜわかりづらいかというと、ひとつの文に別の文が入り込んで、文の骨組みが見えにくいからです。

関係詞って苦手なんだよ〜

　まずは日本語から考えましょう。

背の高い → 女性
頭のいい → 女性
お金持ちの → 女性

「背の高い」「頭のいい」「お金持ちの」はすべて名詞の「女性」を詳しく説明する形容詞です。ですが、このような単語ではなく、「ケンと話している」のようにひとつの文を丸ごと形容詞として使うこともありますよね。

ケンと話している → 女性

　英語でも同じ。その際、接着剤の役目をするのがwhoなどの関係詞です。関係詞は次のような形になります。

名詞＋who（などの関係詞）＋文※
※関係詞のあとには、欠けたところのある文が来ることもあります。これに関しては後ほど詳しく解説します。

the woman ← who is speaking to Ken
女性 ← ケンと話している

123

日本語と違う点が2つ、①名詞の後ろに文がくっつく、②whoという接着剤がつく、です。つまり関係詞は、文を丸ごと形容詞として名詞にくっつける接着剤なのですね。関係詞のポイントを整理しましょう。

- 名詞の後ろにwhoなどがあれば、その後ろに文が続く（カタマリがはじまる）。つまり［名詞＋関係詞（whoなど）＋文］の形になっている。
- ［名詞＋関係詞（whoなど）＋文］の形を見たら、「関係詞（whoなど）＋文」の部分は前の名詞にかかる形容詞、つまりMである。

・余裕でクリア！ 関係詞の文の読み方

　では例文を見てみましょう。［名詞＋who＋文］の形を見つけてくださいね。

　the womanのあとにwhoがあり、ここからカタマリがはじまります。よって、who is speaking to Ken「ケンと話している」でひとつのカタマリ、Mになっているので、（　）でくくります。

　するとDo you know the womanという骨組みだけの文になりますね。SVOです（Doは疑問文の印なので無視します）。

　ではMがどの言葉を修飾しているかというとthe womanです。

　つまり、「あなたはその女性を知っている」というのが骨組みで、その女性というのは、「Kenと話している女性のことだ」とOの部分に情報をつけ足しているわけです。

Do you know the woman (who is speaking
to Ken)?

あなたはケンに話しかけている女性を知っていますか？

苦手な人の多い関係詞ですが、次のルールだけ守れば大丈夫です。このやり方を徹底すれば骨組みが一気に見えやすくなります。

> ① [名詞＋関係詞（whoなど）＋文]の形を見たら、関係詞（whoなど）＋文の部分はM。（　）でくくる。
> ② 前の名詞にかける。

（　）でくくるのは同じだね…

• 関係詞はwhoだけではない

関係詞の代表選手としてwhoを中心に解説してきましたが、関係詞にはほかにもthat、which、whose、where、when、whyなどがあります。少し例文を紹介しましょう。

例 He takes the bus (which goes to the airport).
彼は空港行きのバスに乗る。

例 I found the card (that my son lost).
私は息子がなくしたカードを見つけた。

このように関係詞はくっつく名詞の種類などによって使い分けしますが、この段階では「こんな種類があるんだ」と知っておけばひとまずOKです。
whoの部分がwhichやwhenやthatなどに変わってもやることは同じです。Mなので（　）でくくります。そして、前の名詞にかかっていると考えればスラスラ読めます。

● 関係代名詞のあとに続く文に「欠け」がある理由

　関係詞の場合、あとに続く文が一部欠けることがあるとお伝えしましたが、もう少し詳しく解説します。

　下の例文を見てみましょう。

I know a girl who can speak 5 languages.
私は5つの言語を話すことができる女の子を知っている。

　関係詞のあとには文が続くとお伝えしましたが、これはよく見るとcan speak 5 languagesとなっていて、主語Sがありませんよね。

　who、which、thatなどの関係詞に続く文には、このように「欠けたところ」があるのが特徴です。

　その理由を説明しましょう。例文はもともと次のような2つの文をひとつにくっつけたと考えることができます。

A: I know a girl.
　　S　V　　O

私はある女の子を知っている。

B: The girl can speak 5 languages.
　　　S　　　V　　　　O

その女の子は5つの言語を話すことができる。

ひとつにくっつける手順は、

1 ②の the woman を関係代名詞 who に変える（文頭に出す）

who can speak 5 languages

　この時点でこの文は形容詞化されたと考えてください。形容詞なので名詞にくっついて修飾することが可能になりました。

2 形容詞化した2番目の文をまるごと①の後ろに入れる

I know a girl [who can speak 5 languages].

　形容詞化した文が名詞である①の a girl にくっついて修飾。

　[who＋文]の部分はSが欠けています。これは手順**1**で、元のSである the girl を関係詞に変えたからです。

　では、この例文はどこが欠けているかわかりますか？

The book which he bought yesterday was expensive.
彼が昨日買ったその本は高かった。

この文は元々次の2つの文でした。

　　　　　　①
A: The book was expensive.
　　　 S　　 V　　　 C

その本は(値段が)高かった。

　　　　　　　　　 ②
B: He bought the book yesterday.
　 S　　 V　　　 O　　　 M

彼は昨日その本を買った。

先ほどと同じような手順でひとつにまとめてみます。

1 ②の the book を関係代名詞 which に変えて文頭に出す

which he bought yesterday　→ 形容詞化完了！

2 形容詞化した2番目の文をまるごと①の後ろに入れる

The book [which he bought yesterday] was expensive.
形容詞化した文が名詞である① the book にくっついて修飾。

[which＋文] には、he bought の相手である○が欠けていますね。元の文の○を which に変えたからです。

関係代名詞who、which、that などに続く文には欠けたところ（おもにSや○）がある理由をわかっていただけたでしょうか。

パターン例文

ここに注目！

The woman who lives next door to him has a dog.

● S の 直 後 の 関 係 詞 に は 要 注 意 ！

　関係詞の文で特に注意が必要なのは、Sの後ろに［関係詞＋文］が入り込む場合です。**SとVが離れてしまうために、Vを見失ってしまうことが多い**からです。

　このような場合でもやることは一緒です。次の方法で文の骨組みが見えてきます。

> ①　［名詞＋関係詞＋文］の形を見たら［関係詞＋文］の部分はM。
> 　（　）でくくる。
> ②　そのMは前の名詞にかける。

例文を見てみましょう。［名詞＋関係詞＋文］の形が見つかりますか？

the woman の後ろに who がありますので、ここからカタマリがはじまります。who lives next door to him（彼の隣に住む）でひとつのカタマリ。M なので、（　）でくくります。

すると残った部分が the woman（S）、has（V）、a dog（O）という骨組みだけの文になり、SVO の第 3 文型だとわかりますが、S と V が随分離れていることに気づきますよね？

M の部分も見てみましょう。who からはじまる M のカタマリは前の名詞 the woman（S）にかかっています。

つまり、「その女性は犬を飼っている」のですが、その女性とは「彼の隣に住んでいる女性」ということです。

The woman (who lives next door to
S　　　　　　　　M
him) has a dog.
V　　O

彼の隣に住んでいる女性は犬を飼っている。

S と V の間に長い M が入り込んでいるため S と V が離れてしまい、文の骨組みがつかみづらくなるパターンをわかっていただけたでしょうか？

ほかにも同じようなパターンの例文をいくつかあげてみます。

例 The theater (which was destoyed during the war) was rebuilt.

戦時中に破壊された映画館は建て直された。

例 The elevator (that broke down) is working now.

故障したエレベーターは今は動いている。

　いずれにしても、Mを見極めて、文の骨組みをつかめばSとVが離れていようと恐れることはありません！　基本に忠実に進めていきましょう。

• 関 係 詞 が く っ つ く さ ま ざ ま な パ タ ー ン

　文の中で関係詞がどのようにくっつくのか、第3文型を例にもう少し詳しく見てみましょう。第3文型はいちばん多い英文の形なので、慣れておくと関係詞の文がよりたやすく読めるようになります。
　第3文型SVOのうち、名詞が入るのはS、Oです。

```
    S      V      O
    ‖             ‖
   名詞           名詞
```

　関係詞は名詞にかかるので、次のような関係詞がくっつくパターンが考えられます。とくに、注目したいのは**SとOの両方にくっつくケース**。この場合、ちょっと長い英文になります。

S（＝関係詞＋文）V O
S V O（＝関係詞＋文）
S（＝関係詞＋文）V O（＝関係詞＋文）

　また、[前置詞＋名詞]の中の名詞にくっつくことも可能。いずれにしても**関係詞は名詞にくっつく、これが大事**です。

131

22 | 関係詞thatは
省略されるからやっかい！

関係詞③名詞＋SV

――| パターン例文 |――

ここに注目！

The man I met
yesterday had a big bird.

・ＳＳＶの正体

　関係詞は場合により省略されることがあります。これが英文を読むときの混乱の元。

　例文を見てみましょう。tha man、I、met という語順は少し不思議ではありませんか？

The man I met yesterday had a big bird.
　 S　　　 S?　V?

S、S、V…あれ？

もちろん、英語にSSVのような文型はありません。少なくともandがあれば、The man and I（その男性と私）とセットでSになれるのですが……。

　答えを明かしましょう。このように**［名詞＋SV］の形になっている場合は、関係詞thatが省略されている**、と考えてください。本来の文は次のような形をしていたのです。

The man that I met yesterday had a big bird.
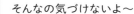
省略されたthat

そんなの気づけないよ〜

大丈夫！
見分け方がありますよ

SSVのような変わった文を見たら次の手順で読んでいきましょう。

> ① ［名詞＋S＋V］の形を見たら、［S＋V］のところからカタマリがはじまる。
> ② ［S＋V］のカタマリはMなので（　）でくくる。
> 　➡ このMは前の名詞にかかっている。

例文にあてはめてみましょう。

名詞 S V
The man (I met yesterday) had a big
S M V O

bird.

昨日私が会った男性は大きい鳥を飼っていた。

［名詞＋S＋V］の形があるので、［S＋V］のところからカタマリがはじまると考えます。I met yesterday（私が昨日会った）で区切るとよさそうですね。このカタマリはMなので、（　）でくくります。

骨組みが見えましたか？　The man（S）、had（V）、a big bird（O）で、「その男性は大きい鳥を飼っている」ですね。

ではMがどこにかかるかというと、直前の名詞、the man（S）です。

つまり、「その男性は大きい鳥を飼っている」のですが、その男性というのは、「昨日私が会った男性」なのですね。

英文に［名詞＋S＋V］はよく出てきます。「おかしいな？」と思ったら**that などの関係詞の省略を疑い、手順に沿って読んでいきましょう。**

━━ パターン例文 ━━

ここに注目!

I know that he is rich.

・［that＋文］が複雑になる理由

英文では［that＋文］がよく使われ、じつにさまざまな働きをします。見た目は同じ［that＋文］の形なのに、まったく異なった働きをするので意味を取り違えやすいです。おもに次のような3つの働きがあります。

① 関係詞のthat → 名詞を修飾する形容詞の働き

② 接続詞のthat → 多くは名詞の働き。目的語〇になることが多い

③ 同格のthat → ある言葉を言い換える働き

「同格」という言葉をはじめて知った、という人もいるかもしれませんね。簡単に言うと、むずかしい言葉を簡単な言葉に言い換えることです（詳しくは140ペー

ジで解説します)。

　ここではよく使われる①と②のパターンの見分け方を解説します。じつは見分け方はシンプル、thatの前後に注目します。

---

①thatの前に名詞

[名詞＋that＋文]　➡　関係詞のthat

②thatの前に動詞

[SV＋that＋S'V']　➡　接続詞のthat　名詞の働き。
　　　　　　　　　　おもに目的語Oになっている

　冒頭の例文を見てください。[that＋文]の前に動詞があるので、このthatは②の接続詞のthatだとわかります。接続詞のthatの働きはとてもシンプルで、thatをつけることでそのあとに続く文を丸ごと名詞化するというもの。ですから、次のように訳せばOKです。

[SV＋that＋S'V']のthatの訳し方

「〜ということ」

　動詞knowの後ろには、何を知っているかを表す相手、Oを置く必要がありますよね。例文では[that＋文]のカタマリが丸ごと名詞、Oになっているので、第3文型SVOであることがわかります。

文型が決まれば訳が決まります。第３文型の訳は「SはOをVする」ですから、「私（S）は　『彼が金持ちだということ』（O）を知っている（V）」と、ピッタリはまりますね。

　[that＋文] は名詞化された文なので、名詞の置けるところならどこにでも置けます。 O以外にもSやCや、前置詞の後ろにも置けます。

　ただし圧倒的に多いのは、この例文のように他動詞の後ろに来てOになるパターンです。

不定詞の名詞的用法や
動名詞とも似ているね

・[SVSV] の形にも注意！

　お伝えしたように [that＋文] は他動詞の後ろに来てOになることが多いのですが、このthatも関係詞のthatと同じくよく省略されます。よって、文中に [SVS'V'〜] の形があったら反応できるようになってください。

え〜、また〜！

I know that he is rich.

　つまり、

[SV＋that＋S'V'〜] ➡ [SVS'V'〜]

[SVS'V'〜] ➡ [S'V'〜] の部分からひとカタマリで〇になっている

・文 の 形 を 決 め る の は や っ ぱ り 動 詞

　文の形を決めるのは動詞であると、これまでに何度かお伝えしました。この、[SV＋that＋S'V'] やthatが省略された [SVS'V'〜] の形をつくる動詞も決まっていますので、その一部を紹介しますね。根底に「言う」「思う」という意味を持つ動詞が多くあります。

　文を読んでいて、次のような場合は、that以下が〇と判断し、「〜ということ」と訳してほぼ間違いありません。

・[SV＋that＋S'V'〜] もしくは [SVS'V'〜] の形になっている

・Vが一覧にある動詞

☑ [SV ＋ that ＋ S'V'〜]［SVS'V'〜] をつくる動詞

admit（that）S'V'〜	〜ということを認める
announce（that）S'V'〜	〜ということを発表する
be（that）S'V'〜	〜ということである ※この場合のthat〜はC
believe（that）S'V'〜	〜と思う、信じる
claim（that）S'V'〜	〜ということを主張する
conclude（that）S'V'〜	〜ということを結論づける
expect（that）S'V'〜	〜だと思う、期待する

explain (that) S'V'〜	〜ということを説明する
find (that) S'V'〜	〜だとわかる、気づく
hope (that) S'V'〜	〜ということを望む
indicate (that) S'V'〜	〜ということを示す
know (that) S'V'〜	〜ということを知っている
report (that) S'V'〜	〜だと伝える、報道する
say (that) S'V'〜 ※say, "セリフ"の形もよく使われます。	〜ということを言う
show (that) S'V'〜	〜ということを明らかにする
state (that) S'V'〜	〜ということを述べる
suggest (that) S'V'〜	〜ということを提案する
understand (that) S'V'〜	〜だと思う

例 **The company <u>announced</u> that it acquired one of its competitors.**

語注：acquire 買収する　competitor 競合相手

その会社はライバル会社のひとつを買収した、と発表した。

例 **The dent in the vehicle <u>indicates</u> that the driver was driving at full speed.**

語注：dent へこみ、vehicle 乗り物、indicate 〜であることを指し示す

車にあるへこみは運転手が猛スピードで運転していたことを示している。

→　車のへこみからすると、運転手は猛スピードで運転していた。

24 ［that＋文］で むずかしい言葉を言い換え

同格の that

パターン例文

ここに注目！

The news that he came to Japan surprised us.

・［that ＋ SV］の３つめの働きは言い換え

最後に［that＋文］の３つめの働き、「同格」について解説します。

「同格」というのは、わかりやすい言い換えのことです。日本語でも、同じことを別の言葉で言い換えて説明することがありますよね？

たとえば「コートジボワール」という名前を聞いて、なんのことかわからない人がいるかもしれません。そこで、念のため「コートジボワール（西アフリカに位置する国）」などと（ ）をつけて解説し、補足したりします。

同格のパターンはいくつかありますが、そのひとつが［名詞＋that＋文］の形です。この場合、このように訳します。

140

名詞＋that＋文（同格）

〜（名詞）というのはつまり／という

　例文では、that he came to Japan の部分が the news と同格になっていて、「そのニュースというのはつまり、彼が日本にやってきた、というニュース」という意味になっていますね。

「同格」は文法的には言い換え、つけ足し情報のようなものなので修飾語Mではありませんが、**本書ではMと同様に（　）でくくること**にします。そうすることで、やはり文の骨組みがわかりやすくなるからです。
　すると、例文の骨組みはSVOだということがわかります。

The news (that he came to Japan)
S　　　　　　　　　同格

surprised us.
V　　　　　O

彼が日本にやってきたというニュースは私たちを驚かせた。

・同格のthatと関係詞のthatの違い

　同格のthatは名詞の後ろに［that＋文］がくっつきます。この形、どこかで見たことありませんか？　そう関係詞のthatの文と同じ形。そのため一見しただけでは両者の区別がつきにくく、やっかいなのです。

　両者の見分け方にはコツがあります。次の**例文のthatの後ろを見てください。**

The news that he came to Japan surprised us.
　　　　名詞　　　　S　　V

彼が日本にやってきたというニュースは私たちを驚かせた。

The news that came to Japan surprised us.
　　　　名詞　　　　V

日本に届いたニュースは私たちを驚かせた。

　同格のthatの後ろには、he came to Japanという文が続いています。

　一方、関係詞のthatの後ろを見てみましょう。thatの後ろに続くcame to Japanには主語（S）が欠けていますよね？　ここがポイント！

　整理すると以下のとおりです。

　　[名詞＋that＋欠けたところのない文＝S'V']
　　➡ 同格、言い換え。「～（名詞）というのはつまり、という」
　　[名詞＋that＋欠けたところのある文]
　　➡ 関係詞なので前の名詞にかける

　両者の意味の違いも解説しておきましょう。

　同格のthatは「彼が日本に来た」というのがニュースの中身、具体的な内容です。「ニュースというのはつまり、彼が日本に来たというニュースなのだが」と言い換えています。

　一方、関係詞のthatのほうはニュースの具体的内容がわかりません。「日本に伝えられたニュース」と言っているだけで、そのニュースがどんな内容なのかは不明です。

見た目はよく似ているけど、伝えていることは全然違うんだね

・同格でよく使われる名詞

　さらにわかりやすい見分け方があります。じつは同格のthatの場合、［名詞＋that＋文］の、**名詞の部分に特徴があります**。同格はその単語だけでは伝わりにくいから、言い換えるのでしたよね。ということは、**わかりにくい名詞、抽象的な名詞であることが多い**ということ。

　参考までに、よく同格で使われがちな単語を紹介しておきます。これらの単語のあとに［that＋文］が続いたら、同格のthatをまず疑いましょう。

> assumption（推定）、belief（信念、考え）、chance（見込み、可能性）、
> condition（条件）、decision（決定）、evidence（証拠）、fact（事実）、
> fear（懸念、可能性）、hope（見込み）、idea（考え）、
> impression（印象、感じ）、knowledge（知識）、news（情報、知らせ）、
> opinion（意見、考え）、possibility（可能性）、promise（約束）、
> proof（証拠）、proposal（提案）、question（疑問、疑い）、
> rumor（うわさ）、story（うわさ）、theory（説）、thought（考え）**など**

　一方、これらの名詞以外のあとに［that＋文］が来たら、関係詞のthatの可能性から疑います。

むずかしそうな単語がいっぱい！

ここまで3種類の［that＋文］が出てきたので、最後にまとめておきましょう。

[名詞＋that＋文（欠けたところのある文）] ➡ 関係詞のthat
　that＋文はM。前の名詞にかかる形容詞

[SV＋that＋S'V'] ➡ 接続詞のthat
　that＋S'V'は名詞の働きで、Oになることがほとんど。訳「～ということ」

[抽象的な名詞＋that＋文（欠けたところのない文＝S'V'）] ➡ 同格のthat
　言い換え、補足。訳「つまり、という」

英 語 を 読 む 力 が さ ら に ア ッ プ !

● **カンマで同格を表すこともある**

　同格のパターンはいくつかあるとお伝えしましたが、次のようにカンマを使って表す方法もあります。

Her father, a very strict man, will not approve of their marriage.

　カンマで挟まれたa very strict manの部分が同格になっていて、「彼女の父」を「とても厳格な男」と言い換えています。
　ただの補足なので、Mと同じように（　）でくくって読みやすくしましょう。すると、骨組みが見えきます。

Her father(, a very strict man,) will not approve of their marriage.

S　　　　　　　同格　　　　　　　V

O

彼女の父は、とても厳格な男なのだが、彼らの結婚を認めないだろう。

　カンマを使った同格の表現も、「〜というのはつまり」「〜である」「それは〜なのだが」と訳せばOKです。

　同じような同格の表現を使った例をいくつか紹介しましょう。すべて噛み砕いて言い換えることで、より伝わりやすくなっているのがわかるはずです。

Shironeko, one of the nation's leading shipping companies,
シロネコ、つまり国内の大手運送会社、

Mark Schafer, Director of the Legal Department,
法務部長であるマーク・シェーファー氏、

Mr Ota's restaurant, Masamune,
太田氏のレストラン、つまりマサムネ、

　つねにカンマがあれば同格だとわかりやすいのですが、残念ながらカンマがないパターンもよく使われます。

North Korean leader Kim Jong Un
北朝鮮の指導者であるキム・ジョンウン氏

chef Yohei Ota

シェフである太田洋平氏

　カンマがない同格の表現には、名詞が２つ続くという特徴があります。

　たとえば、a dog a cat という英文を見たら、違和感を覚えませんか？　例外はありますが、基本的に英語では名詞が２つ続くことはありません。通常は間にandやwithのようなつなぎ言葉が入ります。

　よって、名詞が２つ続けば、同格をはじめ、なんらかの特殊な表現だと予想をつけるのが正解です。

　名詞が２つ続くパターンに多いのは、［役職名 人名］［人名 役職名］［会社名 会社の説明］などです。

　また、とくに主語の部分によく出てくる傾向があります。

25 | 「それ」じゃない it の読み方

it構文

┤ パターン例文 ├

ここに注目!

It is important to keep a good routine.

• 英語は長いものを後ろに回す

　今回の例文で注目してほしいのは、itです。itにはご存知のとおり「それ」という意味があります。「それ」というからには「それ」の指すものが必要ですが、例文のように、「それ」の指すものが見当たらない場合があるのです。

　英文の中にわかりにくいitが出てきたら、文の後方を見て① [to＋動詞の原形（不定詞）]、② [that＋文] があるか確認しましょう。

　例文にはto keepからはじまるカタマリがありますよね。このように文の後半に①②のどちらかがあれば、目にしているitは「それ」の意味ではない可能性があるので注意する必要があります。

　さらにいうと、例文のitは本当のSではありません。後ろのto keep a good

routineが本当のS。つまり元々の文は以下の形だったと考えてください。

To keep a good routine という不定詞のカタマリは「よい習慣を保つ」という意味です。

このカタマリがS、ということは、この不定詞は名詞の働きですね。名詞的用法「〜すること」にあてはめると「よい習慣を保つことは」。第2文型の訳は「SはCだ」ですから、「よい習慣を保つことは重要だ」ですね。

ただし、この文はSが長すぎます。**英語では長いものは後ろに回す傾向**があり、そのためこの不定詞のカタマリが後ろに回されてしまったのです。

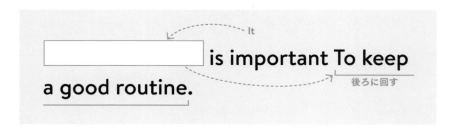

すると、**Sの部分がポッカリ空いてしまう。そこで体裁を整えるためにitを置く**というわけです。なので、このitは訳さなくて○Kです。

形だけのS
It is important to keep a good routine.
V C 本当のS
よい習慣を保つことは重要だ。

同じことが[that＋文]でも起こります。[that＋文]は名詞のカタマリにもなれるので、次のような文でSになることができます。これは[that＋文]

148

の２つめの働き接続詞の that ですね。

That he loves her is obvious.
S / V / C

でもSが長いので後ろに回し、ポッカリ空いた部分に It を置きます。

It
□ is obvious That he loves her.
後ろに回す

形だけのS
It is obvious that he loves her.
V / C / 本当のS
彼が彼女を大好きだということは明らかだ。

この it も体裁を整えるためだけのものなので、訳さなくて OK です。

長い一文を読み終えてから、it＝「それ」の意味じゃなかった！ と訳が振り出しに戻るのはちょっと残念ですよね。

わかりにくい it が出てきたら、最初に文の後方に①［to＋動詞の原形（不定詞）］か②［that＋文］がないかを先にチェックをしましょう。

この方法を徹底すると、英文の意味を取り違えないだけでなく、英文を読む効率がグンと上がります。最後に訳をまとめておきましょう。

---

① It～のあとに［to＋動詞の原形（不定詞）］

➡ 不定詞のカタマリが意味上のS。訳「～することは」

② It～のあとに［that＋文］※

➡［that＋文］が意味上のS。訳「～ということは」

※強調構文の可能性もありますが、少し複雑な話になるので本書では説明を省きます。

26 [接続詞+文] は長いけど、読むのはたやすい?

接続詞

┤ パターン例文 ├

ここに注目!

After he finished work, he met her.

・接続詞がつくと文は長くなるけれど…

接続詞は英文を長く見せている原因のひとつですが、[接続詞+文]のカタマリはMになるケースが多いので、見極められると英語が読みやすくなります。

とくに例文のように**接続詞のあるカタマリにカンマがついて、文頭にある場合は100%、M（副詞）**と考えても大丈夫。

最初にMを（ ）でくくって取り外すと、シンプルな骨組みだけの文になるというのは、これまでにもお伝えした通りです。接続詞を含む長い文が出てきてもあわてる必要はありません。

では、例文を詳しく見ていきましょう。例文は、① He finished work.（彼

は仕事を終えた。）と②He met her.（彼は彼女に会った。）という２つの英文でできています。

　日本語では、「〜のあとで」という言葉を補って、「仕事を終えたあとで彼女に会った」というひとつの文にできますよね。

　英語で「〜のあとで」にあたる語がご存じのとおりafterで、このように**文と文をつなぐ（接続する）働きをしているので、「接続詞」**と呼ばれます。接続詞を含むと当然文が長くなってしまいます。

　英文の中にafterのような**接続詞が出てきたら、そこから「カタマリがはじまる」と考えて**ください。

　例文の場合は、カンマで区切られたカタマリが文頭にあるので副詞だと確定できますが、念のため意味でも確かめてみましょう。

　「仕事を終えたあとで」→「会った」と動詞にかかっていますね。ということで、やはり副詞。よってMとして（　）でくくって、外して問題なし！

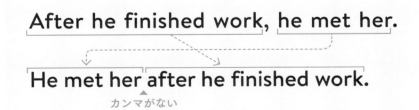

(After he finished work,) he met her.
　　　　　　　　M　　　　　　　　　　S　　V　　O

彼は仕事を終えたあと、彼女に会った。

・文の後半に出てくるパターンも楽勝

　接続詞のある文は、前後を入れ替えることもできます。

After he finished work, he met her.

He met her after he finished work.
　　　　　　　カンマがない

He（S）、met（V）、her（O）のあとに after が来て、先ほどのようにカンマというわかりやすい目印が消えましたが、考え方は同じです。

［接続詞＋文］のカタマリは例外を除き M、副詞に決まると考えて基本的には問題ありません。

> ［接続詞＋文］を見たらカタマリのはじまり
> ➡ M（副詞 ※例外を除く）なので（　）でくくる

ほかの接続詞を使った例文もいくつか紹介しておきます。［接続詞＋文］が文の前半でも後半でも、副詞のカタマリであることには変わりありません。

例 Until it stopped raining, we stayed at the cafe.
　　　　　　　　　　M　　　　　　S　　V　　　　M
雨がやむまで私たちはカフェにいた。

例 He met Meg while he was shopping.
　　S　　V　　O　　　　　　M
買い物をしているときに彼はメグに会った。

接続詞がくっついた文は、以下の例外だけ注意しましょう。逆に言えば、これら以外の［接続詞＋文］のカタマリは副詞のカタマリ、つまり M と考えてください。

if や where が接続詞なの？　と意外に思われるかもしれませんが、文法上は接続詞に分類されます。

> **例外のパターン**
> ・［if＋文］、［whether＋文］　　→ 27項で説明します
> ・when, where など 5W1H＋文　→ 28項と29項で説明します
> ・and, but, or など等位接続詞　→ 30項で説明します
> （※as, the way なども例外にあたりますが本書では省略）

パターン例文

ここに注目！

I don't know if he will come.

• if には 2 つの意味がある

　ここからは [接続詞＋文] の例外パターンについて解説していきましょう。

　ひとつめは接続詞の if、[if＋文] の形です。**これには副詞のカタマリになる場合と、名詞のカタマリになる場合の2通りあり**、うまく見分けないと訳が大きく変わってきてしまいます。if には①「もし〜なら」と②「〜かどうか」の大きく2つの意味があるのです。

　if を見ると機械的に「もし〜」と訳していませんか？　例文の if を「もし〜」で訳すと、「もし彼が来たら私は知らない」になっておかしいですよね。

もし、じゃない！

この場合のifは「〜かどうか」と訳すのが正解。英文全体の意味は「彼が来るかどうかわからない」になります。

　お伝えした通り、**ifには①「もし〜なら」と②「〜かどうか」の大きく2つの意味**がありますが、どっちに訳したらよいのか迷うのではないでしょうか？
　先に答えをお伝えすると、次のようなルールがあります。

> ［if＋文］が副詞のカタマリ ➡ 「もし〜なら」。Mになる
> ［if＋文］が名詞のカタマリ ➡ 「〜かどうか」。Oになる

では例文を詳しく見てみましょう。
　動詞knowの後ろには、知っている相手である目的語Oが続くので、if he will comeのカタマリは名詞であることがわかります。よって訳のルールにあてはめると「〜かどうか」と訳せます。

I don't know if he will come.
S　　　V　　　　　　　　　O
私は彼が来るかどうかわからない。

　if〜のカタマリが名詞の働きをしている場合は、次のようにSVのあとにifが来ることがほとんどです。

> ［SV if〜］

　74ページにそのカタマリが名詞として働いているかどうか、itに置き換えて確認する方法を紹介しました。if he will comeをitに置き換えてもI don't know itと成り立つことからも、名詞の働きをしていることは間違いなさそうです。

•「もし」と訳すのはどういうときか

ではこっちの英文はどうでしょう？

I will play baseball if it doesn't rain tomorrow.

　先に答えを言ってしまうと、if it doesn't rain tomorrow の部分は副詞の働きをしています。この場合は「もし〜なら」と訳すことができます。

　なぜ if it doesn't rain tomorrow が副詞だとわかるのか解説しますね。文型を見るとはっきりします。

　まず、I will play baseball が SVO になることはわかりますか？　では if のカタマリが何か、それによって文型が決まります。

I will play baseball if it doesn't rain tomorrow.

S　V　　O　　　　？

　左ページでお伝えしたルールより、**ifのカタマリは O（名詞）か M（副詞）にしかなれません**。

　名詞なら第4文型SVOOの可能性がありますが、第4文型は基本的に○○が［人 モノ］の順番なので、例文はあてはまりません（if以下のカタマリをitで置き換える方法で試してみてもいいですよ。そのときに正しい英文が成立すれば名詞の働きをしていますが、I will play baseball it、とおかしな英文になるので、やはり名詞ではないのです）。よって副詞だと確定します。

　さらにいうと、**playという動詞は第4文型をつくる動詞ではないので**、動

詞を見ても、副詞だとわかるのですね。

　副詞のカタマリに決まれば（　）でくくりましょう。「もし〜なら」という意味でVにかかります。

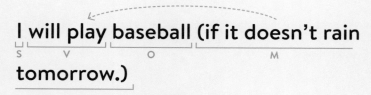

I will play baseball (if it doesn't rain tomorrow.)
S　　V　　　　　O　　　　　　　　　　M

もし明日雨が降らなければ野球をするだろう。

　ちなみに**if〜のカタマリが文頭に来ていたら副詞に決まり**です。名詞のif〜（〜かどうか）はSとして使わない、つまり文頭に来ないきまりだからです。よってif〜ではじまる文は反射的に「もし〜」と訳して大丈夫です。

例 **If you have time now, I have something to tell you.**

もし今時間があるなら、私はあなたに言いたいことがある。

• whether の場合

　［whether＋文］もifと同じように使われます。whetherからカタマリがはじまり、名詞か副詞の働きをするので、次のような2通りの訳になります。

［whether＋文］が副詞のカタマリ　➡　「〜だろうと（なかろうと）」。M
［whether＋文］が名詞のカタマリ　➡　「〜かどうか」。S、O、C、
　　　　　　　　　　　　　　　　　　　前置詞のO、同格にもなる

　［if＋文］と違うのは［whether＋文］が名詞のカタマリになっている場合です。**ほぼ名詞と同じ使い方ができ、O以外に、SやCなどにもなることができます**。また、［whether＋文］が文頭に来ていたら副詞のほか、名詞の可能

性があります。

(Whether the information is true or not,) we have to do this.

その情報が正しくてもそうでなくても、私たちはこれをしなくてはならない。

上の例文はカンマもあるので、一発で副詞だとわかりますね。では次の例文はどうでしょう。

Whether the information is true is uncertain.

その情報が正しいかどうかは不明だ。

この場合は、すぐ後ろにVが来ているのでwhether〜trueのカタマリがS、名詞であることがわかります。訳は「〜かどうか」です。

[接続詞＋文] のほとんどは副詞のカタマリをつくり、意味はひとつしかありませんが、ifとwhetherの2つは例外。名詞のカタマリになる場合もあれば副詞のカタマリになる場合もあり、それぞれで意味が違うので注意しましょう。

─┤ パターン例文 ├─

ここに注目！

I don't know where she went.

おもちゃ売場

• ［5W1H＋文］は名詞のカタマリになる

　［接続詞＋文］が副詞にならない、例外パターンの2つめは疑問詞が含まれた［5W1H＋文］の形です。疑問詞とはwhen（いつ）やwhere（どこ）、who（誰）のような、5W1Hを表す単語のこと。疑問詞も文とくっついてカタマリをつくることができ、これを本書では［5W1H＋文］で表すこととします。

　この5W1Hが疑問文で使われる場合を見てみましょう。よくよく考えた特に復習してないですよね。

　たとえば、Where did she go？（彼女はどこに行きましたか？）のような文を学校で習いましたね。

　疑問詞はこのように疑問文で使うことが多いのですが、たとえば、「私は

『彼女がどこに行ったのか』知らない」のように、疑問文を文の中に持ってきたいときがあります。

　ところがknowの後ろにこの疑問文をそのままつなげることはできません。knowの後ろには「知っている」相手である目的語O、つまり名詞を置くことになっているからです。
　よって、この疑問文を名詞化する必要があります。
　名詞化する方法はシンプルで、**whereの後ろを平叙文の形、つまりふつうのSVの形に直せばOK**です。

did を取る
Where did she go？ ➡ where she went
go を went に変える
疑問文　　　　　　　　　　　　　　　　平叙文（名詞化完了！）
彼女はどこに行ったの？　　　　　　　　彼女はどこに行ったのか

　これで［5W1H＋文］の名詞化完了。Oの位置に置くことができますし、S、O、C、前置詞の後ろにも置けます。この名詞化した疑問文は次のように訳します。

名詞化した疑問文の訳し方

〜なのか

　ちなみに、この名詞化された疑問文は「間接疑問文」と呼ばれています。

I don't know where she went.
S　　　　V　　　　　　　　　O
私は彼女がどこに行ったのかを知らない。

疑問詞の種類や文中での位置が違う2つの例文を上げます。

例 Where he bought it is unknown.
　　　　S　　　　　　　V　　C

彼がそれをどこで買ったのか、は不明だ。

語注：unknown 知られていない（形容詞）

　Where で文がはじまっているので疑問文かと錯覚しますが、「？」（クエスチョンマーク）もないですし、where の後ろが疑問文になっていないので、間接疑問文を疑います。

　次に where からカタマリがはじまると考えると、where he bought it でひとカタマリ、そのすぐあとに is（V）が来ているので、このカタマリがS だとわかります。よって疑問文が名詞化されていて、「～なのか」と訳せます。

疑問詞が文頭にあると、反射的に疑問文と勘違いしがちです。最後まで慎重に！

　もうひとつ例文を見てみましょう。

例 I have no clue about why she said so.
　　　　S　V　　　O　　　　　　　　M

私は、なぜ彼女がそんなことを言ったのかわからない。

語注：clue 手がかり、ヒント

　前置詞の後ろに［5W1H＋文］が来る場合はシンプルです。前置詞の後ろに来ることができるのは名詞だけ、よって where ではじまるカタマリは名詞の働き、訳は「～なのか」ですね。

　ちなみに、clue には「手がかり、ヒント」という意味があり、have no clue about / as to～で「～のことが全然わからない」という言い方をよくします。

［5W1H＋文］は会話でもよく使いそうだね

5W1Hは日常生活に欠かせない情報だから、英文でも会話でもよく出てきますよ

•［5W1H＋文］は第4文型になりやすい？

　［5W1H＋文］や前項の［if＋文］などは動詞ask（たずねる）と相性がよく、第4文型でよく一緒に使われます。

　［ask 人 モノ］で「人にモノをたずねる」という意味ですが、この「モノ」の部分に［5W1H＋文］が入って「人に『〜なのか』をたずねる」、［if＋文］が入って「人に『〜かどうか』をたずねる」のように使うことがよくあります。

S ask 人 ［5W1H＋文］
　　　　S　V　O₁　　　O₂
　　　　Sが　　人に　〜なのかを　たずねる

例 She asked me what I wanted to eat.
　　彼女は私に何を食べたいか聞いた。

S ask 人 ［if/whether＋文］
　　　　S　V　O₁　　　O₂
　　　　Sが　　人に　〜かどうかを　たずねる

例 The police asked us if we saw any suspicious people.
　　警察は私たちに怪しい人を見なかったかどうかたずねた。

---

　tellとセットで「人に『〜なのか』を伝える」、「人に『〜かどうか』を伝える」という言い方もよく使うので、覚えておきましょう。

S tell 人 [5W1H＋文]
S V O₁ O₂
Sが　　　人に　　～なのかを　伝える／説明する

例 The tour guide told us where we are going to meet.
ツアーガイドは私たちにどこで会う予定なのかを伝えた。

S tell 人 [if/whether＋文]
S V O₁ O₂
Sが　　　人に　　～かどうかを　伝える／説明する

例 Can you tell me if my English is okay?
私に私の英語がOKかどうか教えてもらえますか？

Could you check my sentences?

┤ パターン例文 ├

I will never forget the day when I first met her.

ここに注目！

• [when＋文]、[where＋文]には3つの可能性

　前項では［5W1H＋文］が名詞のカタマリをつくり、「〜なのか」と訳すとお伝えしましたが、**[when＋文][where＋文]に関してはさらに例外があります**。

　「いつ〜なのか」「どこで〜なのか」とは訳さないパターンがあり、複数の訳の可能性が考えられるので、正しく見分けないと英文の意味を取り違えてしまいます。

　[when＋文][where＋文]の例外パターンのひとつめは、形容詞のカタマリをつくり、Mになる働きです（つまり関係詞のwhen、whereです）。

例文を見てみましょう。前半はSVOの形になっていますね。

では、[5W1H＋文] である when I first met her の部分はなにかというと、the day を詳しく説明している修飾語M、形容詞のカタマリになっているのです。

I will never forget the day (when I first met her).

S　　　　V　　　　　　　　O　　　　　M

私ははじめて彼女に会った日を決して忘れない。

I will never forget the day.（私はその日を決して忘れない。）、じゃあどんな日かというと、when I first met her（私がはじめて彼女に会った日）なのですね。

[when＋文] が形容詞のカタマリをつくっているかどうかは、whenの前にある語を見るとわかります。[when＋文] は時を表す名詞にくっつくからです。例文にも、前に day という単語がありますよね。

時を表す名詞＋when＋文（平叙文）

時を表す名詞に [when＋文] がついた形を見たら、when以下のカタマリはM、（　）でくくります。形容詞として、前にある時を表す名詞を修飾していると考えましょう。

ちなみに、時を表す単語には例文の day のほか、time、year などがあります。

[where＋文] の場合も解説しておきましょう。[where＋文] は場所を表す名詞にくっつき、次のような形をしています。

> 場所を表す名詞※＋where＋文（平叙文）
>
> ※case（場合）、stage（段階）といった名詞の場合もある

例 This is the house where Mozart was born.
これはモーツァルトが生まれた家です。

・[when＋文][where＋文] はさらに副詞になる

[when＋文][where＋文] の**例外パターンのふたつめは、副詞のカタマリをつくる働き**です。次の例文を見てください。

(When I came home,) my mom was
まとめて副詞　　　　　　　　　　　S　　　V

cooking dinner.
　　　　　　O
私が家に帰ってきたとき、母は夕食を作っていた

このパターンは本書でもおなじみなので、ひと目で区別がつくはずです。カンマで区切られたwhenからはじまるカタマリが文頭にありますよね。

これは […, SV] の副詞のパターン。…の部分が [when＋文] になった形です。「帰ってきたとき」→「作っていた」と動詞にかかる副詞になっているので、「〜するとき」と訳しましょう。このwhenは文法的には接続詞です。

[where＋文] が副詞のカタマリをつくる例も紹介しておきます。

例 Where I live, people don't eat fish.
私が住んでいる場所では魚を食べない。

このように［5W1H＋文］にはほかにもいくつか例外があるので、when、whereのパターンを含め、下にまとめておきます。

☑ ［5W1H＋文］の種類

［when＋文］
名詞のカタマリ（間接疑問文）　「いつ〜なのか」
形容詞のカタマリ（関係詞）　　前の名詞（時を表す）にかかる（163ページ）
副詞のカタマリ（接続詞）　　　「〜するとき」（165ページ）

［where＋文］
名詞のカタマリ（間接疑問文）　「どこで〜なのか」（158か159ページ）
形容詞のカタマリ（関係詞）　　前の名詞（場所を表す）にかかる（163ページ）
副詞のカタマリ（接続詞）　　　「〜する場所」（165ページ）

［who＋文］
名詞のカタマリ（間接疑問文）　「誰を（が）〜するのか」
形容詞のカタマリ（関係詞）　　前の名詞にかかる

［why＋文］
名詞のカタマリ（間接疑問文）　「なぜ〜するのか」
形容詞のカタマリ（関係詞）　　前の名詞にかかる

［what＋文］
名詞のカタマリ（間接疑問文）　「何を（が）〜するか」

［how＋文］
名詞のカタマリ（間接疑問文）　「どのように〜するか」

次の英文を訳してみましょう。

問題

❶ The reason why he got fired was his bad habit of being late.

語注：get fired クビになる、bad habit of being late 遅刻する悪いクセ

❷ This is the only conclusion we can come to.

語注：conclusion 結論、come to～ ～に到達する・思いつく

❸ He said at the meeting that the production cost is rising sharply.

語注：production cost 生産コスト、rise 上がる・値上がりする、sharply 急激に

❹ One of the first things that a child should learn is that he needs to share things with others.

語注：one of ～ ～の一つ、need to～ ～する必要がある、others ほかの人

❺ He believes the country faces a disastrous situation economically.

❻ The doctor asked me if I had a family history of glaucoma.

語注：history 病歴、glaucoma 緑内障

❶ 彼がクビになった理由は彼の遅刻グセだった。

The reason (why he got fired) was his bad habit of being late.
　　S　　　　　　M　　　　　　　V　　　　　　C

　The reason（S）の後ろにVではなく、whyが来ているので［名詞＋関係詞］の形。whyも関係詞のひとつでしたね。The reason why he got 〜で［名詞＋関係詞＋文］になっているので、why he got fired がThe reason にかかっています。

　Vがbe動詞なので第2文型、後ろにはCが続くと考えます。his bad habit of being late（遅刻する悪いクセ）がC、第2文型の条件であるS＝Cにあてはめると「クビの理由＝彼の遅刻グセ」が成り立っています。

❷ これが私達が考えうる唯一の結論だ。

This is the only conclusion (we can come to).
　S　V　　　　　C　　　　　　　M

　This is がSV。be動詞なので、後ろのthe only conclusion をCと予想。第2文型の条件であるS＝Cにあてはめても「これ（S）＝唯一の結論（C）」が成り立つので確定できます。

　conclusion は名詞、その後ろはSVと［名詞＋SV］の形になっているので、関係詞thatの省略を疑いましょう。 we can come to がひとカタマリでconclusion を修飾するMになります。ちなみにwe can come to という関係詞の文は、to の後ろが欠けた形になっており、関係詞が省略されています。

❸ 彼はミーティングで、生産コストが急激に上がっている、と言った。

He said (at the meeting) that the production cost is rising
 S V   M   O

sharply.

　He saidがSV。at the meetingが［前置詞＋名詞］なので（　）でくくると、その後が［that＋文］になっているので［SV＋that＋文］の形で接続詞のthat。that＋文が名詞のカタマリになっていて、Oの働きをしています。

　このthat＋文は「ということ」で訳せばいいので、that the production cost is rising sharplyで「生産コストが急激に上がっているということ」。

---

❹ 子どもが最初に学ぶべきことの一つは、モノを他の人と分け合う必要がある、ということだ。

One of the first things (that a child should learn) is that he
             S   M   V   C

needs to share things (with others).
                           M

　one of〜で「〜の一つ」という表現なので、One of the first thingsまででひとカタマリのS。次にVではなく［that＋文］が続き、［名詞＋that＋文］の形になっているので、関係詞のthatを疑います。ちなみにthingsは抽象的な名詞ではないので、同格のthatではなく関係詞のthatと予想します。

　［that＋文（a child should learn）］がOne of the first thingsにかかるMなので、そのあとにあるisがVです。

　しかし、isの後ろにthat he needs to share thingsという、もうひとつの［that＋文］が来ています。［SV＋that＋文］の形なので、that〜のカタマリは名詞の働き。be動詞があるので第2文型の条件であるS＝Cにあてはめ

ると、「学ぶべき最初のこと」＝「モノを分けあうということ」が成り立つので第２文型と確定。

最後のM（with others）はshareにかかりますが、share A with Bで「AをBと分け合う」という言い方を知っておくとより理解しやすいです。

---

❺ その国は経済的に悲惨な状況に直面している、と彼は考えている。

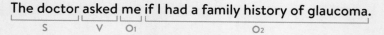

He believesがSVですが、その後にさらにSV（the country faces）が来ていて、[SVS'V'～]の形になっています。つまり [SV＋that＋S'V'～] からthatが省略された形。よって後半のS'V'～はthatがついて文がまるごと名詞化されたと考え、「～ということを」と訳せばOKです。

---

❻ 医者は私に身内に緑内障の人がいるかどうかをたずねた。

The doctor asked me if I had a family history of glaucoma.
　　　　S　　V　　O₁　　　　　　O₂

The doctor askedがSV。askが要注意動詞であることに気づけるかがポイントです。これは [ask＋人＋if～] の形。第４文型ではないかと考えると、O₁（me）、O₂（if I had a family history of glaucoma）が見えてくるので、「SはO₁にO₂をたずねる」の訳にあてはめます。

英語の文章でよく使われる
要注意表現7選

ここまでよくがんばりました！　最後にSNSや
ニュースサイトなどを中心に、リアルに使われて
いる英語表現について学んでいきましょう。じつ
はand や but などの接続詞、カンマなど、ふだん
見慣れているはずの英語表現に意外な落とし穴が
隠れていたりします。この章では1センテンスの
短い文を例に、「誤読しやすいパターン」の読み解
き方を一気に身につけていきましょう。

30 | andやbutはいつも「そして」「しかし」で済ませたらダメ！
等位接続詞

―― パターン例文 ――

He told me to come in and have some tea.

ここに注目！

・and、butなどはちょっと特別な接続詞

　andやbutをいつも「そして」や「しかし」で済ませていませんか？　それだと誤訳してしまう場合があります。

　例文を見てみましょう。
「彼は（私に）『中に入りなさい』と言ってお茶を飲んだ。」と訳してしまうと間違いですよ！　正解は、「彼は私に、中に入ってお茶を飲みなよ、と言った」。つまり**お茶を飲むのは彼ではなくて、「私」なのです。**

　andやbutは接続詞ですが、ちょっと特別な接続詞で、次のような**同じ役割、同じ品詞のものを結びます。**

> 名詞と名詞　形容詞と形容詞　動詞と動詞　副詞と副詞　文と文
> SとS　VとV　OとO　CとC　MとM　など

　このように対等な関係のものを結ぶ接続詞を文法用語では「等位接続詞」といい、おもに次のようなものがあります。

> and、but、or、nor、so、for　など

> forも接続詞なんだね

•「等位」の意味を理解する

　英文の中にandやbutを見つけ、意味がつかみにくかったら、何と何をつないでいるのかを見るようにしましょう。

　例文で具体的に解説します。このandは何と何を結んでいるでしょうか。
まずandのすぐ後ろを見ます。例文では**動詞haveがあるので、andは動詞と動詞を結んでいることがわかります。**

　andの前にどんな動詞があるかというと、① told、② come（toにくっついてはいますが動詞の原形）の2つですね。

　ではandは動詞haveと① told、② come のどちらをつないでいるのか？

　andは同じ役割のものを結ぶ以上、同じ姿をしていることがほとんどです。
haveが動詞の原形なので、もう一方の動詞も原形である可能性が高くなります。

　ですからこの**andはcomeとhaveをつないでいるのです。**

例文の前半部分を見てみましょう。He told me がSVOになっていることは、なんとなくわかりますよね。

tell（told の現在形）は要注意動詞で、第3文型SVO以外に第4文型SVOOや第5文型SVOCもつくります。ですが、例文は目的語 me の後ろに不定詞（to come）があるので、SVOC（C＝不定詞）、tell OC（C＝不定詞）「Oに〜するように言う」の形ですね。

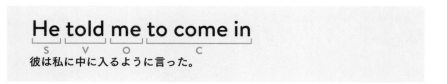

and以下を見てみましょう。and は同じ役割のものを結ぶので、have と come の役割は同じはずです。to come in がCになっているのなら、(to) have some tea もCになっている、と考えます。

つまり、**私に言ったことのひとつめが to come in（中に入るように）、2つめが (to) have some tea（お茶を飲むように）ということ。**

だから、「彼は私に、中に入ってお茶を飲みなよ、と言った」という訳になり、お茶を飲むのは私なのです。

元々は次のような形をしていて、同じことのくり返しはくどいからダブっている部分を省略した、と考えるとわかりやすいでしょう。

He told me to come in and <u>he told me</u>
<u>to</u> have some tea.
　　　　　　　　　　　　　　　省略

彼は私に、中に入ってお茶を飲みなよ、と言った。

・同じ役割にはさまざまな形がある

では、この英文だとどういう訳になるかわかりますか？

He told me to come in and had some
tea.

まず and の後ろを見るのでしたね。今度は動詞の過去形 had があります。

and より前に動詞の過去形を探すと told が見つかり、**and が told と had を結んでいることがわかります。**

　　　　　told me to come in
　　　　　　　ˇ
He and
 ‾　　　V
 S
　　　　　had some tea.
　　　　　　ˇ
　　　　　　V

told が He（S）に対する V になっているので、had も He に対する V になっています。

よって、He told（彼は言った）と He had（彼は〈お茶を〉飲んだ）が and で結ばれており、訳は「彼は中に入りなよ、と言って（彼は）お茶を飲んだ」。今

度は「彼」がお茶を飲んでいます。

省略されている部分を補うと、次のような文になります。

He told me to come in and he had some tea.

主語SのHeがダブっているから
省略された

彼は中に入りなよ、と言ってお茶を飲んだ。

　等位接続詞がやっかいなのは、ダブっている部分が省略されてシンプルな文になる一方で、私たち非ネイティブにとっては省略されると逆にわかりにくくなってしまうことです。

　等位接続詞がなにとなにを結んでいるのかを見間違うと、訳が大きく変わることがわかりましたよね？

　なので、**andやbutなどの英文がわかりにくい時は、何と何をつないでいるのかを考えるようにしましょう。**それには、まずandの後ろを見て、その言葉と同じ品詞、似た形のものを前から探すのがコツです。

told me to come in と had some tea が and で結ばれているなんて……
英文を読んでいて気づけるかな

文や文章だけを結ぶとは限らないのが、and や but のおもしろいところ。まずはしっかり and や but の後ろを見てくださいね

┤ パターン例文 ├

That is the problem before him.

ここに注目!

・同じ見た目でも品詞が違う語に注意

before、after、until、since……これらの接続詞の共通点は何だと思いますか?

じつは**接続詞と前置詞、2つの役割があること**です。同じ姿をしているのに品詞が異なり、その後に続く形が変わったり、働きが少し変わったりするので注意しましょう。

接続詞／前置詞の2つの役目を持つおもなものは、次の5つです。

before(〜前に)、after(〜あとに)、until(〜までずっと)、since(〜以来)
as(前置詞:〜として、接続詞:〜のとき、〜ながら　など)

接続詞と前置詞の見分け方はとてもシンプル。原則は次のとおりです。

> 後ろに名詞がくっついている　　　→ 前置詞
> 後ろがSVなど文の形になっている　→ 接続詞

冒頭の例文もbeforeの後ろはhimが1語くっついているだけですよね。

このように、beforeの後ろに名詞が来ていて、文の形になっていないときは前置詞として働いていると考えます。

［前置詞＋名詞］はMなので、before himを（　）でくくるとSVCの第2文型だとわかります。before him（彼の前にある）がthe problem（C）を修飾、つまり形容詞の働きをしているのです。

That is the problem (before him.)
それが彼の前にある問題だ。

26項でお伝えしたように、beforeやafterのような接続詞の後ろには文が来て、［接続詞＋文］で副詞のカタマリになります。副詞にしかなりません。

ところが、beforeやafterが前置詞として使われる場合は副詞のほかに形容詞としても使われます。まとめると、こういうことです。

> before＋名詞　 → ［前置詞＋名詞］でM → 形容詞か副詞
> before＋SV〜　→ ［接続詞＋SV］でM → 副詞

before、afterのような語は接続詞でも、前置詞でも、あまり意味が変わらないので訳す上ではさほど気にならないかもしれませんが、asのように前置詞と接続詞で意味が異なる場合もあります。

また、副詞だと決めつけてしまうと誤読する可能性がなきにしもあらず。やはりきちんと形を見て確かめることは重要です。

┤ パターン例文 ├

ここに注目!

He was speaking with his mother's picture in his hand.

● with の変則パターン

　この項目で身につけたいのは、with の使い方の見落としがちなパターンです。

　with は with A で「A と一緒に」「A を使って」などと覚えていると思いますが、例文をよく見てください。**with A B と 2 つの語句が続くことがあり、この with の使い方は、知らないとなかなか訳せない表現のひとつ**です。

　例文を「彼は母親の写真としゃべっていた」ととらえてしまうと、誤読であるだけでなく、文末の in his hand の意味もわからなくなってしまいます。

え、そうじゃないの!?

この文は with his mother's picture in his hand までがひとつのカタマリ、「母親の写真を手に持って」と理解する必要があります。

　訳の正解は「彼は母親の写真を手に持ちながら話していた」です。このように with は後ろに2つの語句が続いて、[with AB] という使い方をすることがあるのです。

with his mother's picture in his hand
A ────── B

　with の後ろに his mother's picture、さらに in his hand が続いています。[with AB] というように、with のあとに2つの語句が続いた形です。

　この場合は、**A と B の間に「が」を挟んで、「A が B の状態で」と訳します。**よって例文は「母親の写真が手の中にある」状態、つまり「母親の写真を手に持ちながら」という意味。第5文型と似ていますよね。

He was speaking with his mother's picture in his hand.
S ── V ── M ── M

彼は母親の写真を手に持ちながら話していた。

まとめておきましょう。

[with A]	➡ with のあとに語句が1つ 「A と一緒に」「A を使って」
[with A B]	➡ with のあとに語句が2つ 「A が B の状態で」

　たとえば with his mouth full なら、his mouth（A）が full（B）の状態で。「彼の口がいっぱい」、つまり「何かを食べながら」という意味です。

● Bにくる語句はいろいろある

Bに -ing形や -ed形が来ることもあります。いくつか例を見てみましょう。

with <u>his eyes</u> <u>shining</u>
　　　　　　A　　　　B

his eyes（A）がshining（B）の状態で。「彼の目が輝いている」、つまり「目を輝かせながら」という意味。

with <u>his eyes</u> <u>closed</u>
　　　　　　A　　　　B

his eyes（A）がclosed（B）の状態。「彼の目が閉じられている」状態、つまり「目を閉じたまま」という意味。

　Bの部分に **-ing形が来たら「～している」、-ed形が来たら「～される」** と訳せばうまくいきます。

　たいていの前置詞は後ろに名詞がひとつだけ来るので問題ありませんが、withの場合は［with A］だけでなく、［with A B］のパターンもあることを忘れずに覚えておきましょう。

─ パターン例文 ─

He called the office while waiting for the bus.

ここに注目!

•[接続詞＋文] の例外パターン

この例文は、while waiting の部分に注目しましょう。このような［接続詞＋-ing形 / -ed形］はよく見かけるのに、訳しにくい英文のひとつ。接続詞を使った文の場合、ふつうは［接続詞＋文］の形、つまりSVの形が続くことがほどんどなので、違和感があるのです。

例文を見てみましょう。前半部分はSVOの形をしていることがわかりますよね。

そしてthe office に続く接続詞while（〜の間）のカタマリがM。前述したように、**一部を除いて［接続詞＋文］は副詞のカタマリ**になるので、while以降のカタマリは動詞calledを修飾しています。

He called the office (while waiting for the bus).

S V O M

　では、while の後ろを見てみましょう。今回、接続詞に waiting という -ing 形がくっついています。

　この場合の -ing形は「〜する、〜している」と訳すので、「バスを待っている間、彼はオフィスに電話した」という意味です。

　接続詞のあとになぜ -ing形がくっつくのか？

　諸説ありますが、**元々あった主語＋be動詞、he was が省略された**と考えるとスラスラ読むことができます。

He called the office while he was waiting for the bus.

省略

バスを待っている間、彼はオフィスに電話した。

　主語he、be動詞のwasが省略され、残った形がwhile waiting for the bus というわけです。もともとは［接続詞＋SV］の形だったのですね。

　そうとわかれば、一般的な［接続詞＋SV］と同じように読んでいけばよいことがわかりますよね。-ed形の場合でも同じことです。

この省略には条件があって、接続詞でつながった2つの文の主語が同じで、さらに接続詞のカタマリのVがbe動詞である場合に限ります

接続詞の後ろのSとbe動詞の省略はよく起こります。例文の意味はわかりやすいと思いますが、たとえばこんな文だとちょっととまどいそうです。

例 **When in red, she looks like an actress.**

赤い色のドレスを着ていると、彼女は女優みたいに見える。

→ 元の英文　When she is in red,〜

※［人 is in 色］で「〜色の服を着ている」の意味。

［人 is in 色］は「〜色の服を着ている」という意味でよく使われる表現です

例 **If accepted to the university, she will start to live alone.**

大学に受かれば彼女は一人暮らしをはじめるだろう。

→元の英文　If she is accepted to〜

例 **Though old, he is still full of energy.**

年をとってはいるが彼はまだまだ元気いっぱいだ。

→ 元の英文　Though he is old, 〜

じつは、このような省略は［接続詞＋-ing形 / -ed形］に限りません。接続詞の後ろが文ではなく、［接続詞＋前置詞＋名詞］や［接続詞＋形容詞］など違和感のある形をしていたら、Sとbe動詞を補えば解決です。

34 | 違和感のある比較表現、その解決方法

比較than/as〜as

| パターン例文 |

He is more interested in himself than in others.

ここに注目！

・thanのあとのinをどう訳す？

　比較の文に苦手意識を持っている人はさほど多くないかもしれませんが、**一部構造が複雑なものがあります。**

　比較の文というと、次のような形が一般的です。than〜がある場合は「〜より」、as〜asがある場合は「〜と同じくらい」の意味ですね。

Ken is taller than Sam.
ケンはサムより背が高い。

Ken is as tall as Sam.
ケンはサムと同じくらいの背の高さだ。

　今回の例文はthanのあとにinが来ているので訳しにくい感じがするはずです。なんだか違和感がありませんか？　比較の構造をしっかり理解できてい

185

るかどうかで、複雑な文が出てきたときの理解度も変わってくるので、ここでマスターしてしまいましょう。

　先に答えをお伝えすると、例文は次のような英文からダブった部分であるhe is interestedを省略した形です。

He is more interested in himself than ~~he is interested~~ **in others.**
　　　　　　　　　　　　　　　省略された部分

彼はほかの人のことよりも、自分のことにもっと関心がある。

　じつは例文は「彼は自己中だ」に近い意味になります。わかりにくい比較の文は、元の文を復元することで理解できるので実際にやってみましょう。

1　比較表現(-er、more、asなど)を取る

He is ~~more~~ interested in himself than in others.

2　thanやasの後ろの形を見る

He is interested in himself than in others.
例文の場合、than の後ろは in others ですね。

3　次にthanやasの前を見て、2と同じ形、対応する語を探す。

He is interested in himself than in others.
in others に対応する語は in himself。

4　thanの後ろ、前を見ながら省略された語句を補う。

He is interested in himself than he is interested in others.

in himself と in others とが対応しているので、he is interested が省略されていたことがわかりますよね。

さらにさかのぼると、例文は元々以下の2文を比較していることがわかります。

> ① He is interested in himself.
> ② He is interested in others.

つまり、彼の自分への関心度合いと彼の他の人への関心度合いを比べた場合、自分のほうに関心の度合いがあるということです。

ほかにも少しとまどってしまう比較表現を紹介しておきましょう。

例 **The city is more beautiful <u>at night</u> than <u>in the daytime</u>.**

その都市は昼間より夜のほうが美しい。

The city is beautiful at night.とthe city is beautiful in the daytime.を比較している。

例 <u>**Tom is**</u> **as clever as everyone says <u>Meg is</u>.**

みんなはメグがとても頭がいい、と言っているが、トムも同じくらい頭がいい。

Tom is as clever as everyone says Meg is clever.の後半のcleverを省略している。

2番目の例文がいきなり出てきても
読めないかもしれない〜

比較の文はthanやasの後ろの部分をきちんと理解
できるかどうかで理解度が全然変わってきます

パターン例文

ここに注目!

They, however, never gave up.

・カンマで挟まれている部分の正体は?

「挿入」はつけ足しのようなものですが、ニュースやSNSでもよく目にすることがあり、英語には必要な表現です。

文の流れを断ち切るように入ってくるため、混乱してどれがSでどれがVなのかを見失ってしまう人が続出します。きっちり挿入を見分け、Mと同じく( )で取り除けるようにしておきましょう。

「同格」(140ページ参照)とよく似ていますが、①言い換えではないこと、②名詞が連続しているわけではないことに注意しましょう。

例文は, however,の部分に注目してください。このようにカンマで挟まれている語句が「挿入」されている部分です。

日本語でも、「彼らは、たとえるなら、鋼鉄のようだった」というように、「たとえるなら」のような語句が割り込んでくることがありますよね。

　でも「彼らは鋼鉄のようだ」だけでも十分通じます。「たとえるなら」などの語句は、いわばつけ足しのようなイメージ。英語でも同様です。

　もし文の流れを断ち切るようにカンマが出てきたら、挿入の可能性があります。もう1つのカンマを探して、カンマからカンマまで（ ）でくくれば、文の骨組みが浮かび上がります。

They (, however,) never gave up.
S　　　　M　　　　V
しかしながら、彼らはあきらめなかった。

　「同格」にはカンマがないこともありますが、「挿入」の場合はたいていカンマで区切られていますし、文の流れを断ち切って間に割り込んでいることも多いので、気づけることがほとんどだと思います。

•「挿入」を表すカンマの使い方

　以下のようなパターンもニュース関連の英文でよく見かける表現です。ちょっと訳すのにとまどってしまいませんか？

The damage was, reports say, severe.
被害は、報告が伝えるところによると、甚大だった。

　少していねいに見ていきましょう。この文を教科書的な平易な文に直すと次のようになります。

Reports say (that) the damage was severe.

S　V　　　　　　　　　S'　　　V'

　Reports say という SV の後ろに、the damage was severe（被害が深刻だ）というもうひとつのS'V'が続いています。

　このようなSVS'V'の語順になっている場合、［SV＋that＋S'V'〜］という形からthatを省略した形である、というのは137ページでお伝えした通りです。

　よってthe damage was severeのカタマリが目的語O、「〜ということ」と訳すことができます。

Reports say (that) the damage was severe.

S　V　　　　　　　O

報告は、被害が深刻だったということを伝えている。

　そして、ここからが本題です。先ほどお伝えしたように、ニュース関連の英語表現では、Reports say the damage was severe. から、The damage was, reports say, severe. に変換されることがよくあります。

　ニュースでいちばん伝えたいことは「被害が深刻だ」ということで、reports say（報告が伝えている）の部分はなくても言いたいことは伝わりますよね。

　そこで、**本来のSVであるreports sayの部分が切り離されて、つけ足し的な位置に格下げされて挿入される**ことがあるのです。

文中に挿入される場合

The damage was, reports say, severe.

文末に置かれる場合

The damage was severe, reports say.

「報告は、被害が甚大だということを伝えている」という文が、「被害は、報告が伝えるところによると、甚大だ」とか、「被害は甚大だ、報告によると」のように、重要な情報が優先されるように変化するのですね。

　この変換は十中八九、sayやshowなど「言う、思う」という意味合いをもった動詞で使われ、次のような形をしています。

文中に挿入される場合

S, S'V', V〜もしくはSV, S'V', 〜　※V'「は言う、思う」などの動詞

文末に置かれる場合

SV〜, S'V'　※V'「は言う、思う」などの動詞

ニュース関連でよくある英語表現として「挿入」も覚えておいてください。

ニュース英語を読めそうな気がしてきたぞ！

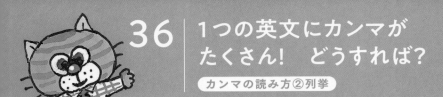

━ パターン例文 ━

ここに注目!

He speaks Japanese, English, Italian, and Spanish.

・カンマがたくさん出てきたら少し先を見る

カンマのあるカタマリは副詞の働きをすることが多いのですが、英文によっては違う働きをしていることがあります。

英文の中にカンマを見つけたら、後ろにandがあるかどうかもチェックしてください。andがあれば「列挙」という英語表現かもしれません。

例文は「彼は日本語、英語、イタリア語そしてスペイン語を話す」を意味します。このように物や事柄を列挙する場合、とくに3つ以上のものを挙げる場合はandのほかに、カンマを使って表すことがあるのです。

and He speaks Japanese and English and Italian and Spanish.

カンマ He speaks Japanese, English, Italian, and Spanish.

He speaks Japanese, English, Italian, and Spanish.

S V O O O O

彼は日本語、英語、イタリア語そしてスペイン語を話す。

列挙を表す場合、次のような形をしているので覚えておきましょう。

A, B, and C 「A、B、そしてC」

4つ以上を列挙する場合（DやEやFが出てくる）も同じで、andは最後の1つ前に入ります。
andの直前のカンマは省略されることもあります。

ただし、並べることができるのは同じ種類だけ。Japanese、English、Italian、
Spanishはすべて名詞ですよね。同じ種類であれば、形容詞を並べることもで
きます。以下の文はoutgoing（社交的な）、adventurous（冒険好きな）、open-
minded（心の広い）、intelligent（賢い）と、形容詞が列挙されています。

Her friend described her as outgoing, adventurous, open-minded, and intelligent.

彼女の友だちは彼女のことを、社交的で冒険心に富み、心の広い賢い人だ、と述べた。

ちなみにdescribe A as B（AをBだと言う）もよく使う表現です。
　文を読んでいていくつか連続してカンマが出てきたら、一瞬もう少し先を
見て、A, B,（andの直前のカンマは省略可）and Cの形になっていないか確かめる
ようにしましょう。

37 | 英語ではモノや出来事が主語になる

無生物主語

パターン例文

ここに注目!

The bad weather caused him to change his plan.

・モノが主語の文に慣れれば中級者以上！

　日本語であれば人を主語にするところを、**英語の世界ではモノや出来事を主語Sにして、「モノ・出来事が（S）人や状況を（O）〜な状態に（C）する（V）」という表現をよくします**（文法用語で「無生物主語」といいます）。

　日本語を母語とする日本人にはなじみのない表現なので理解しづらく、戸惑ってしまう人が少なくありません。英語ではごく一般的な表現でよく見かけますので、ここできちんと読めるようにしておきましょう。

　「〜を…にする」ですから、とくに第5文型SVOCと相性がいい表現です。

　例文はSが「悪天候」、モノがSになっていますね。これが無生物主語、注意です！　例文は次のような構造をしています。

The bad weather caused him to change his plan.
S   V   O   C

彼は悪天候のせいで計画を変更せざるを得なかった。

　無生物主語は第5文型でよく見られます。じつは動詞causeは要注意動詞（202ページ参照）。第3文型でいちばんよく使いますが、第4文型や第5文型もつくる可能性がある厄介な動詞です。

　逆に言えばcauseの後ろのhimはOで確定ですね。

　himで終われば第3文型、その後ろにモノが来れば第4文型ですが、himの後はchangeという動詞の原形が来ています。「彼がプランを変える」と、OCの間に「が」が挟まることからも第5文型SVOCに確定できます。

　例文をそのまま訳した、「悪天候は彼が計画を変更するようにさせた」だと、言いたいことは何となくわかりますが、ぎこちない日本語です。

　［S（モノ・出来事）VOC］の英文を日本語として自然な感じにするなら次のように訳すとうまくいきます。

S（モノ・出来事）VOCの訳し方

モノ、出来事のおかげでOはCになる
モノ・出来事のせいでOはCになる

「彼は悪天候のせいで計画を変更せざるを得なかった」という感じです。

　このモノを主語にする英文はよくある形なので、ひとつのパターンとして覚えておくとよいでしょう。**ポジティブな意味にも、ネガティブな意味にも使えます。**

英語のイメージについての話もしておきましょう。モノ・出来事が主語S になる場合、Sが力を及ぼしていて、その影響が及んだ結果をOCの部分が表 すとイメージするとわかりやすいでしょう。**Sが力を及ぼして、「OがC」の 状態にした**のですね。

　例文でいえば、悪天候が力を及ぼしたせいで、彼は計画を変更するという 状況に追い込まれたということです。

　モノ・出来事が主語になっている英文は、最初はとっつきにくいかもしれま せんが、英文に多い表現なのでひとつのパターンとして慣れていきましょう。

　無生物主語の文がサッとわかるようになると英語中級者です！

英 語 を 読 む 力 が さ ら に ア ッ プ ！

● M に M がくっつくパターンもある

　ここまでにさまざまなMの形を紹介してきましたが、最後に MにMがくっつくパターンも紹介しておきましょう。例文を見 てください。

He bought the salmon from the man with a headband.

　from the man と with a headband の２つのMがあることが わかりましたか？　骨組みとなる英文はSVO、「彼は鮭を買っ た」の意味ですが、残りのMがそれぞれどこを修飾しているの かを見極める場合、**いちばん近くにある語から意味をあてはめ ながら試していきます。**

　まずひとつめのM、from the man は［前置詞＋名詞］の形を していて①直前の名詞the salmon（形容詞の働き）、②動詞bought

（副詞の働き）のどちらかを修飾しています。

　そこで、直前の①を試してみると「その男から」→「鮭」は意味不明ですが、②「その男から」→「買った」は意味が通ります。from the man は動詞bought にかかる副詞の働きをしていることがわかります。

　では2つめのM、with a headband はどうでしょう？

　これには3通りの可能性があります。①直前の名詞the man（形容詞の働き）、②さらに前にある名詞the salmon（形容詞の働き）、③動詞bought（副詞の働き）のいずれかを修飾しているわけです。

　そこで直前のthe man にかけてみると、「ハチマキをした」→「男性」。こっちは直前の語にうまくつながります。

　じつは2つめのMは直前のMをさらに修飾する働きになっています。だから訳は「彼はハチマキをした男性から鮭を買った」になります。

　このように、**英文にはMにMがくっつくパターンも多い**ことを知っておきましょう。

　MにMがくっつくことで、文はさらに長くなります。ですが、もうあわてる必要はありませんよね。

　Mとわかれば……（　）でくくって取り外し、骨組みを見極める！　これで解決できます。

　とくに例文のように**文の最後のほうにMがある場合は、形だけではどこを修飾しているのか見分けられないことがあります。**

　その場合は直前の語から試す！　それでうまくいかない場合は、もっと前まで文をさかのぼるのがおすすめです。

次の英文を訳してみましょう。

❶ The country's economy grew by 0.5 percent, official figures show.

語注：by〜 〜分、figure 数字

❷ The president's former adviser John Smith was convicted for bribery charges.

語注：former 前の、adviser 顧問、be convicted 有罪宣告される、bribery charges 贈収賄の罪

❸ Allowing a child to do what you have forbidden sends a confusing message.

語注：forbid 禁止する、confusing 混乱させるような

❹ Scientists believe that the fish appeared before the mammals and that humans appeared much later.

語注：mammals 哺乳類

❺ Roberto Santos, one of the world's most famous soccer stars, was received in a welcome ceremony, with excited fans waving his new club's flags.

語注：receive（人などを）迎える、welcome ceremony 歓迎式、wave ふる

❶ 公式の数値によれば、その国の経済成長は0.5％だった。

The country's economy grew (by 0.5 percent) (,official figures
‗‗‗‗‗‗‗‗‗‗‗‗‗‗‗ ‾‾‾ ‗‗‗‗‗‗‗‗‗ ‗‗‗‗‗‗‗‗‗‗
      S   V   M   M

show).
‾‾‾
 M

　文末の ,official figures show がポイント。文末にカンマで区切られたSV
が出てきた場合は、つけ足しのMです。

　The country's economy grew がSV、by 0.5 percent も［前置詞＋名詞］
でM。直前のVにかかって、「0.5％分」→「成長した」です。

❷ 大統領の前顧問であるジョン・スミス氏は収賄の罪で有罪とされた。

The president's former adviser (John Smith) was convicted for
‗‗‗‗‗‗‗‗‗‗‗‗‗‗‗‗‗‗‗‗‗‗ ‗‗‗‗‗‗‗‗‗‗ ‗‗‗‗‗‗‗‗‗‗
           S   同格   V

bribery charges.
‾‾‾‾‾‾‾‾‾‾‾‾
      M

　John Smith の部分のポイント。冒頭のThe president's former adviser（S）
にVが続くかと思いきや、John Smith（人名）が来ています。ここに注意。
［役職名　人名］と名詞が続くので同格を疑い（　）でくくると、V（was
convicted）が出てきます。［be＋過去分詞］の受け身表現はセットでVとします。

　文末の for bribery charges は直前の was convicted にかかるM、有罪とさ
れた理由をつけ足しています。

❸ 「ダメ」、と言ったことをするのを許すと、子供は混乱してしまう。

Allowing a child to do what you have forbidden sends
　　　　　　　　　　　　S　　　　　　　　　　　　　　　　　　V
a confusing message.
　　　　　O

　冒頭がAllowingと-ing形になっています。この問題では-ing形からはじまるカタマリがどこまで続くのかを見極めるのがポイント。Allowing a child to do what you have forbiddenまでがひとカタマリでS、sendsがV、send（送る）の「何を？」にあたるのがa confusing message（O）です。

　カタマリの範囲についてはallowが要注意動詞のひとつで、[allow O to 〜（Oが〜するのを許す）] という形をつくることに注目するとよいでしょう。

　じつはSの内部ではa childがO'、to do what you have forbiddenがC'になっています。文型の知識をフル活用して見極めていきましょう。

❹ 哺乳類の前に魚類が現れ、人間はさらに後になって現れた、
　と科学者たちは考えている。

Scientists believe that the fish appeared (before the mammals)
　　S　　　　V　　　　　　　　　O　　　　　　　　　　　　　M
and that humans appeared (much later.)
　　　　　　O　　　　　　　　M

　この文はand（等位接続詞）をどう処理するかがポイント。

　Scientists believeがSV、その後ろの [that＋文] が名詞のカタマリでO。before the mammalsは直前のappearedにかかっている、と考えます。「哺乳類が現れる前に魚類は出現した」です。

　andの後ろが [that＋文] の形をしているので、このandは [that＋文] と [that＋文] を結んでいることが考えられます。前半の [that＋文] がscientists believe（SV）に対してのO、よって後半の [that＋文] もSVに対するO。

「科学者が信じている」何を？　　に当たる部分が２つあるわけです。

　科学者は① that the fish appeared before the mammals（哺乳類よりも前に魚類が現れたこと）、そして② that humans appeared much later（人類はずっとあとに現れたこと）の２つを信じていることがわかります。

---

❺ 世界で最も有名なサッカー選手の一人、ロベルト・サントスが歓迎セレモニーで迎えられた。興奮したファンたちが彼の新しいクラブの旗をふって出迎えた。

Roberto Santos (,one of the world's most famous soccer stars,)
　　　　S　　　　　　　　　　　　　　　　　　　　　　同格
was received (in a welcome ceremony,) (with excited fans
　　V　　　　　　　　M　　　　　　　　　　　　　M
waving his new club's flags).

　文末のwith excited fans〜がポイントです。with excited fansで区切ってはダメ、ここはwith ＡＢの形になっています。

　よって、ＡＢの間に「が」を挟み、「興奮したファンが彼の新しいクラブの旗をふっている」が成り立ちます。

　Roberto SantosがS、その後にVが続くかと思いきやカンマ、とくに人名のあとにカンマがあることから挿入もしくは同格が疑えます。そこでもうひとつのカンマを探し、［人名　詳しい説明］の順で名詞が続くことから、同格だと判断します。

　Vはwas receivedという受身表現。in a welcome ceremony、文末のwith excited fans waving his new club's flagsがともに MでVにかかります。「歓迎セレモニーで」→「迎えられた」。「ファンが旗をふっている状態で」→「迎えられた」。ちなみに②のMにはカンマがあるので、直前のwelcome ceremonyとはつながりがないことがハッキリわかります。

　要注意動詞とは複数の文型をつくることができる動詞のこと。文型によって訳が変わるので、文字通り、訳す際は注意が必要です。使用頻度の高いおもな要注意動詞と訳、使い方をまとめたので、英文読解に役立ててください。

※（　）内の数字は使われる文型を表します。

allow (3、4、5)

第3文型	「〇を許す、とっておく」
第4文型	「〇1に〇2を与える」
第5文型	「〇がCするのを許す」※

※Cはおもに［to＋動詞の原形］。

ask (3、4、5)

第3文型	「〜をたずねる」
第4文型	ask 〇1（人）〇2「人に〜をたずねる」※
第5文型	ask 〇 to Ｖ「人にＶするように頼む」

※〇2はモノ、［if＋文］、［5W1H＋文］など。

be動詞 (is、am、are)（1、2）

第1文型	「いる、ある」（存在を表す）
第2文型	イコールを表す（90%第2文型で使う）

become （おもに 2）

第2文型　「〜になる」

believe （3、5）

第3文型　「〇を信じる」※

※〇の部分に［that ＋文］が来ることも多い。

第5文型　「〇がCであることを信じる」※

※Cはおもに［to ＋動詞の原形］、to be。

consider （3、5）

第3文型　「〜をよく考える」

第5文型　「〇をCだとみなす」※

※Cはおもに［to ＋動詞の原形］。

cause （3、4、5）

第3文型　「〜を引き起こす、〜の原因となる」

第4文型　「〇1に〇2をもたらす、引き起こす」

第5文型　「〇がCするようにさせる」※

※Cはおもに［to ＋動詞の原形］。

get (3、4、5)

第3文型	「〇を手に入れる」
第4文型	「〇1(人)に〇2(モノ)を手に入れてあげる」
第5文型	「〇をCにする、〇にCさせる」※

※Cは形容詞、[to＋動詞の原形]、-ing形、-ed形など。

grow (1、2、3)

第1文型	「(人、動植物が)成長する」
第2文型	「〜(の状態)になる」
第3文型	「(農作物)を栽培する、産出する」

have (3、5)

第3文型	「〜を持っている」
第5文型	「〇にCさせる、〇をCしてもらう」※

※Cは動詞の原形、-ing形、-ed形など。

keep (2、3、5)

第2文型	「〜のままである」
第3文型	「〜を持ち続ける」
第5文型	「〇をCのままにしておく」※

※Cは形容詞、-ing形、-ed形など。

leave (1、3、5)

第1文型　　おもに **leave for** で使って、「〜へ出発する」

第3文型　　「〜を去る」

第5文型　　「OをCのままにしておく」※

※Cは形容詞、-ed形、-ing形など。

look (1、2)

第1文型　　「見る」

第2文型　　「〜に見える」

make (3、4、5)

第3文型　　「〜を作る」

第4文型　　「O1(人)にO2(モノ)を作ってあげる」

第5文型　　「OをCにする、OにCさせる」※

※Cは名詞、形容詞、動詞の原形、-ed形など。

remain (1、2)

第1文型　　「とどまる」

第2文型　　「〜(の状態)のままである」

tell (3、4、5)

第4文型	tell O₁(人) O₂「人に〜と言う」※
第5文型	tell O to V「人にVするように言う、命令する」

※ O₂はモノ、[5W1H＋文]、[that＋文] など。

think (1、3、5)

第1文型	「考える」、think of (about)Aで「Aのことを考える」
第3文型	「Oだと思う」※

※ Oに that〜が来て、think that〜で使うことが多い。

第5文型	「OがCだと思う」※

※ Cに to be〜が来ることもあるが、to be が省略されることもある。

やり直し英語塾 ナオック

大学卒業後、英語の教員免許を取得。塾や有名私立高校など
を中心に10年以上の英語指導に従事。その後、英語を中心に、
アジアの言語など多言語の翻訳や通訳を行うほか、TOEIC対策
講座を担当するなど英語の指導を行っている。

また、YouTube「やり直し英語塾 ナオック」では日本にいながら
英語をマスターする方法や文法解説などを発信し、約8万人
（2023年2月現在）に支持されている。

YouTubeチャンネル：「やり直し英語塾 ナオック」@naoeigo

超・英文読解
中学英語の37パターンで
英語がスラスラ読める！

2023年3月8日　初版発行

著者　　やり直し英語塾 ナオック

発行者　山下直久

発行　　株式会社KADOKAWA
　　　　〒102-8177　東京都千代田区富士見2-13-3
　　　　電話　0570-002-301（ナビダイヤル）

印刷所　凸版印刷株式会社

●お問い合わせ
https://www.kadokawa.co.jp/（「お問い合わせ」へお進みください）
※内容によっては、お答えできない場合があります。
※サポートは日本国内のみとさせていただきます。
※Japanese text only